游泳健身科学化体系的构建研究

翁 颖 著

中央编译出版社
Central Compilation & Translation Press

图书在版编目 (CIP) 数据

游泳健身科学化体系的构建研究 / 翁颖著. —北京：
中央编译出版社，2015.1
ISBN 978-7-5117-2551-6

Ⅰ. ①游…
Ⅱ. ①翁…
Ⅲ. ①游泳-健身运动-研究
Ⅳ. ①G861.1

中国版本图书馆CIP数据核字(2015)第028528号

游泳健身科学化体系的构建研究

出 版 人：刘明清
出版统筹：董　巍
责任编辑：王　可
责任印制：尹　珺
出版发行：中央编译出版社
地　　址：北京西城区车公庄大街乙5号鸿儒大厦B座(100044)
电　　话：(010) 52612345（总编室）　(010) 52612371（编辑室）
　　　　　(010) 52612316（发行部）　(010) 52612317（网络销售）
　　　　　(010) 52612346（馆配部）　(010) 66509618（读者服务部）
传　　真：(010) 66515838
经　　销：全国新华书店
印　　刷：北京京华虎彩印刷有限公司
开　　本：787毫米×1092毫米　1/16
字　　数：210千字
印　　张：16
版　　次：2015年5月第1版第2次印刷
定　　价：48.00元

网　　址：www.cctphome.com　　邮　　箱：cctp@cctphome.com
新浪微博：@中央编译出版社　　微　　信：中央编译出版社（ID：cctphome）
淘宝店铺：中央编译出版社直销店（http://shop108367160.taobao.com）

本社常年法律顾问：北京市吴栾赵阎律师事务所律师　闫军　梁勤
凡有印装质量问题，本社负责调换。电话：010-66509618

前 言

自古以来,人类与水就有不解之缘。人类在适应自然、征服自然的过程中,创造了多种多样的游泳姿势。游泳是人类的一项重要生存技能,它可以保证人在水这种特殊环境下的生命安全。游泳不仅在生活、生产和军事上被广泛应用,而且还是竞技体育的重要内容。在现代社会,游泳备受人们青睐。它是一项从婴幼儿到老年人都可以参加的真正意义上的终生体育活动,是锻炼身体、陶冶情操、休闲娱乐的重要途径。它不仅能给人的身心带来新的挑战、振奋和活力,还能让人走近自然,充分享受阳光、空气、水的无穷乐趣。

但是,经调查研究表明,在过去长期的游泳健身实践中,我们不难发现,无论是对于掌握一定游泳专业知识技能的学生或者老师群体而言,抑或是对游泳运动热爱的普通百姓群体而言,他们虽然都或多或少对游泳有了一定的基本认知和了解,但对于游泳健身始终未形成一个科学化的认知体系。因此,我们有必要为广大游泳健身爱好者构建一个科学化的健身体系,以确保他们在游泳健身过程中少走弯路。这也是本书撰写的初衷缘由和最终目的。

《游泳健身科学化体系的构建研究》一书内容主要涵盖两大板块。其中,一大板块主要是阐述游泳健身科学化的理论体系构建,它包含游泳健身科学化的研究意义、游泳健身科学化的前期准备、游泳健身科学化的体能储备、游泳健身科学化的训练方案、游泳健身科学化的医疗监督；另一大板块主要阐述不同类型群体游泳健身科学化的实践体系构建，它包含青少年游泳健身科学化研究、中老年游泳健身科学化研究、女子游泳健身科学化研究、疾病患者游泳健身科学化研究。

  有关游泳健身的科学化体系应该是不断发展和完善的，很多时候，一些理论和观念不是绝对正确的，还存在争议，需要去不断论证。由于作者水平有限，在本书的完成过程中难免有不当或者错误之处，还请见谅和赐教。

翁 颖

2014 年 11 月

目 录

第一章 游泳健身科学化的研究意义 …………………… (1)
    第一节 游泳健身有益身体健康 ………………………… (1)
    第二节 游泳健身有益心理健康 ………………………… (8)
    第三节 游泳健身有益增强社会适应能力 ……………… (12)

第二章 游泳健身科学化的前期准备 …………………… (22)
    第一节 准备装备 ………………………………………… (22)
    第二节 常识储备 ………………………………………… (30)
    第三节 热身、伸展和放松 ……………………………… (38)

第三章 游泳健身科学化的体能储备 …………………… (46)
    第一节 力量素质储备 …………………………………… (46)
    第二节 柔韧素质储备 …………………………………… (58)
    第三节 协调素质储备 …………………………………… (75)
    第四节 专项耐力素质储备 ……………………………… (87)

第四章 游泳健身科学化的训练方案 …………………… (111)
    第一节 游泳健身的训练内容、目的和任务 …………… (111)

第二节　游泳健身的训练原则和方法 …………………… （114）
   第三节　游泳健身的训练计划制订 ……………………… （124）

第五章　游泳健身科学化的医疗监督 …………………………… （146）
   第一节　运动生理与生化指标的评定 …………………… （146）
   第二节　游泳健身的营养需求 …………………………… （159）
   第三节　游泳健身的疲劳恢复 …………………………… （176）
   第四节　游泳健身的损伤保健 …………………………… （180）

第六章　青少年游泳健身科学化研究 …………………………… （183）
   第一节　婴幼儿游泳健身科学化研究 …………………… （183）
   第二节　儿童游泳健身科学化研究 ……………………… （190）
   第三节　少年游泳健身科学化研究 ……………………… （196）

第七章　中老年游泳健身科学化研究 …………………………… （204）
   第一节　中老年游泳健身益处多 ………………………… （204）
   第二节　中老年游泳健身坚持适度原则 ………………… （214）
   第三节　中老年游泳健身应注意的问题 ………………… （218）

第八章　女子游泳健身科学化研究 ……………………………… （220）
   第一节　女子游泳好健身益处多 ………………………… （220）
   第二节　肥胖女子游泳健身科学化研究 ………………… （221）
   第三节　瘦弱女子游泳健身科学化研究 ………………… （224）
   第四节　经期女子游泳健身科学化研究 ………………… （227）
   第五节　孕期妇女游泳健身科学化研究 ………………… （228）

第九章 疾病患者游泳健身科学化研究 …………………… （232）

　　第一节 高血压病人游泳健身科学化研究 ………… （232）

　　第二节 冠心病人游泳健身科学化研究 …………… （234）

　　第三节 糖尿病人游泳健身科学化研究 …………… （235）

　　第四节 结核病人游泳健身科学化研究 …………… （237）

　　第五节 慢性气管炎病人游泳健身科学化研究 …… （238）

　　第六节 癌症患者游泳健身科学化研究 …………… （239）

参考文献 ……………………………………………………… （243）

第一章 游泳健身科学化的研究意义

第一节 游泳健身有益身体健康

一、游泳运动能增强人体各系统机能

游泳的运动量比较大，而且水温一般低于体温。人在参与游泳运动时的新陈代谢比较旺盛，需要大量的氧气和养分分解提供身体活动所需要的能量，同时将产生的代谢产物排出体外。这种旺盛的新陈代谢活动对人体各器官系统机能的要求较高，并要求各系统的协调配合。因此，通过游泳锻炼，人体的各个系统机能都能得到不同程度的锻炼和提高。

（一）游泳运动能有效地提高各器官系统与神经系统的协调配合能力

游泳是在非重力条件下的运动，在水中，人体会受到水的阻力。为达到运动的目的，人体需要克服阻力。肌肉通过收缩带动骨骼、关节活动完成动作，推动人体在水中行进，这种收缩、舒张刺激通过神经传达到大脑的脑干细胞，大脑神经元经过分析、传导将神经刺激传达到肌肉，引起肌肉收缩或者舒张。在大脑皮质的统一指挥下，人体完成整个游泳动作。可见，游泳锻炼能增强各器官系统的结构和功能，改善与提高大脑皮质及神经系统的协调能力，从而使人的体质不断增强。

游泳时，兴奋与抑制的交替运动，感觉神经末梢和运动神经末梢的交替兴奋、抑制，增强神经系统调节运动器官的能力，而且游泳时，身体要受到水的压力、浮力、摩擦力、推力等物理作用，人体整个浸在水中，对全身各个部位的穴位起到按摩作用，使大脑皮质的兴奋和抑制更加集中，神经系统的灵活性增强。因此，经常参加游泳运动的人，神经系统对自身各个器官的调节能力增强，游泳运动对神经衰弱和失眠症的治疗也有比较好的疗效。

（二）游泳运动能提高心血管系统机能

（1）由于水的浮力，游泳运动成为人体唯一一项以水平姿势进行的运动项目。当人体平卧于水中，人体头部、上下肢与心脏在同一水平面，血液循环处于水平横向流动状态，在水压的作用下，肢体血液回流至心脏也较为容易，回流的血量增加，增加心脏容积，增强心肌搏动的力量，使心脏功能得到充分改善。

（2）游泳时，人体几乎所有的肌肉群都参与活动，它需要血液源源不断地通过密布的毛细血管把氧气和营养物质输送到肌肉群，这就要求心脏提高工作能力，其结果是促使心肌及血管壁增厚、弹性加大、每搏输出量增多，从而使心血管系统的功能得到加强。比如，一般人在安静状态下，心脏每分钟跳动66~72次，每搏输出量为60~80毫升。长期参加游泳锻炼的人，心肌发达、心脏收缩能力增强，在安静状态下，心跳每分钟只需50~60次，每搏输出量却达到90~120毫升。所以经常参加游泳锻炼的人，心肌不易疲劳，心脏的工作效率大大提高，为从事体力劳动或剧烈运动增加了储备力量。

（3）游泳运动还可以使血管壁的弹性增强，毛细血管数量增加，明显的提高循环系统的机能，从而使人体保持良好的体力，维持良好的健康水平。

（4）从生理角度来看，游泳时常受冷水刺激，这种刺激能促使毛细血管急剧收缩，从而促进血管末梢的血液回流到心脏。受其影响，心脏的新鲜血液不断地流入全身，使血液处于良性循环状态。这种良性循环能够有效地预防血管老化。

(三) 游泳运动能改善人体呼吸系统功能

(1) 游泳时，人的胸腔和腹部都受到水的压力。据测定，在温度为26℃和一个标准大气压的条件下，水的密度是空气密度的844倍，游泳时胸部承受的压力为120～150牛顿，游泳换气时必须克服这种压力，从而促使呼吸肌加倍努力工作，以满足人体对氧的需要。因为水对胸廓的压力作用，以及呼吸深度造成胸廓内外压力的变化，呼吸肌必须克服这些"额外"阻力才能正常地呼吸。这种内外界环境的负荷，使呼吸肌逐渐发达、强壮，变得更为有力。因此，游泳能够使呼吸肌得到很好的锻炼，改善呼吸机能。

(2) 游泳的呼吸节奏与陆地运动不同，由于受水环境的制约，呼吸次数不宜过多，并需要与技术动作保持协调配合，这样就势必要加大呼吸深度才能满足人体对氧的需求。长期的游泳锻炼，可以使呼吸深度增加，肺活量提高。而肺活量的提高反映着肺功能的增强，也就是说肺活量增大，每次呼吸时，能够充分吸入氧气，排出二氧化碳，使身体组织细胞的新陈代谢加快。肺功能的增强可以使人们精力充沛地坚持长时间的工作、劳动、学习，而不易感到疲劳。

(四) 游泳运动能增强人体消化系统机能

科学合理的体育锻炼能够不同程度地提高人体的消化系统机能。游泳是在水中进行的运动，很多动作是在失重的情况下完成的，而且躯干在游泳运动中需要不断地参与活动。转身、蹬壁游等躯干肌群在扭动和收缩过程中，水对内脏器官尤其是肠胃起到按摩作用，从而促进人体消化功能的改善。这也使肠胃加强蠕动，促使食物不断分解，以及排除废物的原因。大量以小鼠为对象的实验结果证明，适量的冷水游泳锻炼能抑制胃溃疡损伤的发生。

游泳时人体消耗了大量的热量，为了保证人体体温的平衡，人体需要加倍分解体内储备的能量，供人体活动需要。如果游泳运动时间较长，还会动用储存在人体肌肉和肝中的能量物质，迫使消化器官加倍消化和吸收。很多人游泳后都有饥饿的感觉，这是消化系统要求补充能量从而刺激大脑皮质兴奋所引起的反应。

（五）游泳运动能增强肌肉力量，改善人体运动系统机能

游泳除了可以增强心肌、呼吸肌等局部肌肉的收缩力，更重要的是还可以增强运动肌的力量，使肌纤维明显增粗，肌耐力增强。水的密度明显的大于空气的密度，人体在水中的运动需要克服的阻力远远超过在空气中的阻力。因此，对肌肉收缩力的要求就更高，但是，由于在水中，人体不需要克服重力来完成各种动作，所以游泳运动强度可调范围是最灵活的，这也是游泳运动受到各个年龄段人们青睐的原因之一。

二、游泳运动能增强人体抵抗能力

抵抗力是人体各个系统相互配合，共同抵御外界环境危害、病毒微生物侵入以及共同消灭侵入人体有害物质的能力。免疫系统是人体抵抗力非常重要的组成部分，它是人体与外界环境之间的屏障，是阻碍病毒微生物以及环境中的有害物质侵入人体的第一道关卡。美国的研究表明，中等强度的游泳运动能提高免疫力。新生儿经常游泳可以促进大脑发育和增强免疫力。目前，很多国内外医院对于入睡有困难的幼儿采用游泳的方法取得了很好的效果。如前所述，游泳能够从整体上改善人体各系统机能，提高身体素质，从而提高人体抵御外界环境危害以及微生物侵入的威胁。

游泳所处的环境是水，在正常情况下的温度是低于人体常温的。因此，从事游泳运动可以提高人体抵御寒冷的能力，进而能够提高人体抵抗流感的能力。人的耐寒能力虽然是有一定限度的，体质不同的人对寒冷刺激的反应也是有差别的，但通过体育锻炼可以增强肌体对寒冷的耐受性，耐寒锻炼对人体的心血管、呼吸、消化、运动、内分泌系统都有帮助，从而能减少冠心病、脑血管意外、感冒、咳嗽、关

节炎等疾病的发生。

（一）游泳运动可以消耗大量的热量，增强人体耐寒能力

游泳是在水环境中进行的运动，水的导热能力比空气大23倍左右。人的正常体温大致在36～37.5℃，因此游泳时，人在水中的热量消耗大大增加。实验证明，在12℃水中停留4分钟，要消耗418千焦（100千卡）热量，而在同样温度的空气中，则需要1小时才能消耗这么多的热量。在冷水环境中大量热量的散失，人体为维持正常身体活动所需要的温度就需要制造更多的热能。因此，游泳对培养人体耐寒能力极有好处。

（二）游泳运动改善人体体温调节系统的功能

反复的冷水刺激能使血管的舒缩功能更趋完善，可缩短收缩时间，加快扩张过程，促进皮肤、黏膜的血液循环。据国外研究发现，游泳能直接促使皮肤皮下层各组织的新陈代谢，使人体体温调节系统的功能进一步得到改善，从而提高人体的耐寒能力。

（三）游泳可以提高神经系统对温度的感知和调节能力

游泳时，当人体进入到比体温和气温低的水中活动时，要求肌体一方面加强产热过程，另一方面减少散热过程，以维持体温的相对平衡，因此，经常游泳的人，在出入水的过程中，可以锻炼神经系统对体温的调节机能，改善人体对不同水温、气温的适应能力。同时，处于冷水刺激兴奋状态下的肌体，造血器官与免疫机能均受到刺激，从而得到加强，表现为红细胞、白细胞含量增加，网状内皮细胞吞噬作用加强。上述生理反应，不但强化了肌体的应变能力，提高了肌体的耐寒能力，也增强了肌体对伤风感冒等疾病的抵抗能力。

总之，经常进行游泳锻炼能有效地增强体质，是达到防病治病目的的有效手段之一。游泳时，由于冷水的刺激，长期锻炼能增强肌体适应外界环境变化的能力，抵御寒冷，预防疾病，所以经常游泳者不

易感冒。据报道，经常游泳，对于身体瘦弱者和许多慢性病患者，如慢性肠胃病、神经衰弱、习惯性便秘、慢性支气管炎、哮喘等有明显疗效。

三、游泳运动能改善体形

爱美是人的天性，真正的美丽不仅仅是拥有漂亮的面容，娇嫩的皮肤，美好的心灵，苗条的身材，还来自于自身的健美。匀称自然的体形是健美的一种，也是最突出的一种，可以通过体育锻炼获得。游泳时，各种游泳姿势都要求脊柱充分伸展，以便加长划水线，增加作用力的力矩，增大人体对水的作用力，从而增加水对人的推动力。游泳时，身体在水中尽可能呈流线型，最大限度地减少水的迎面阻力，这就要求腰部、颈部的脊柱尽量伸展。而脊柱的伸展对矫正和防止驼背及其他职业性脊柱侧弯是有益的。经常游泳，可以促进人体骨骼有效增粗和肌肉正常发育，纠正不良姿势。游泳对人的呼吸肌提出了更高的要求，喜欢游泳的人，一般都胸部肌肉丰满，肩部宽阔。一个人形态上肩宽超过髋宽就显得上体雄壮，呈倒三角形，重心高，给人以健壮、匀称的自然美。

（一）游泳运动的塑形减肥原理

游泳是一项全身运动，两臂划水同时两腿打水或蹬水，使全身肌肉群都得到良好的锻炼。瘦弱者游泳，可使肌肉的体积和重量增加，从而使体重增加。肥胖的练习者则可消耗大量的热量，起到减肥的作用。

游泳利于减肥的原因在于游泳消耗的能量大。游泳是一项激烈的运动，游泳时消耗的能量较跑步等陆地项目多，故减肥效果明显。游泳时水的阻力远远大于陆地运动时空气的阻力，测试表明：若在水中游100米，消耗418千焦热能，相当于在陆地跑400米或骑自行车1000米，这就是游泳后很快感到饥饿的原因。游泳时，人的新陈代谢速度很快，30分钟就可以消耗1100千焦的热量，而且在离开水以后还能保持一段时间，所以游泳是非常理想的减肥方法。

同时，由于水温一般低于大气温度，水的导热性大于空气23倍左右，人在水中丧失热量的速度很快，有利于散热和热量的消耗，大量的热量会在游泳当中消耗掉，这些能量的供应要靠消耗体内的糖类和脂肪来补充，有利于消耗能量和脂肪。经常进行游泳运动，可以逐渐去掉体内过多的脂肪。

女士们可以根据不同身体情况，采取不同侧重的游泳方式。蝶式以腰部来带动身体运动，长期坚持可消除腰部的赘肉；蛙式因大腿在游水时充分地展开及收缩，可消除大腿内侧的赘肉；自由泳使手臂的线条匀称、臀部肌肉变得结实有弹性，还可以修饰双腿的线条，让腿部看起来均匀优美且修长；仰泳对消除腹部多余的赘肉很有效。

但应注意到，一次长达2~3小时的游泳锻炼，可以减轻1~2千克体重，其中大部分为水分，少量是脂肪。所以，在游泳间歇中，应补充500~1000毫升液体，以保持体内水分并维持酸碱平衡。

（二）游泳运动的塑型健身功效

根据流体力学理论，速度与阻力成正比，游泳速度越快，受到的阻力就越大，这样大脑皮质必然动员更多的肌纤维参与运动，从而促进了全身肌肉的锻炼。游泳过程中身体受到冷水刺激，会反射性引起甲状腺素分泌增加，使物质能量的代谢过程加强，加速肝糖原分解和脂肪的氧化，加速能量消耗，有利于减少多余的脂肪，保持体重正常。对于瘦体型的人坚持游泳，会增加食欲，改善消化吸收功能，逐渐丰满健壮起来。因此，游泳具有减肥、健美双重效果。

游泳对身体健康，除有以上作用外，还具有防病治病、延缓衰老等功能。如对关节、韧带损伤后康复阶段的辅助治疗、慢性疾病，如哮喘、糖尿病的恢复都有较好的治疗功效。此外，游泳还能够改善肺的通气量，水下活动对呼吸的特殊要求使人体心肺功能得到不同程度的提高。对于中老年人来说，游泳还可以达到延缓衰老、减少心肺疾病发生、改善生命质量的目的。

第二节 游泳健身有益心理健康

一、游泳运动对心理健康的促进机制

参加游泳运动，除了达到锻炼身体的目的外，也是培养意志力、集中注意力和自信心等心理素质的过程。通过运动可以发泄不良情绪，释放压力从而增强自我调控心理问题的能力。

游泳所处的环境是水，与人们平时生存生活的环境有很大的不同，入水前几乎每个人都会有恐惧心理。通过游泳，逐渐克服这种恐惧心理本身就是一种积极的心理体验。游泳具有改善人的情绪、培养意志品质，增进智力等好处。第一，在游泳过程中，运动本身促进大学生在感知、思维、记忆、情感，特别是意志品质方面的切身体验，对大学生的个性心理特征有着积极的影响。第二，由于生活环境单调、学习任务繁重，大学生的生活方式基本就是三点一线单调的模式，生活空间的相对狭小，加之有些大学生娇生惯养或者其他性格等方面的原因，没有办法适应大学独立的生活，使他们容易产生失落感、孤寂感、渴望被承认和成就。这种情感对当代大学生的健康是极为不利的，容易产生诸如偏执、抑郁等一系列心理问题。通过参加游泳运动，从开始克服对水的恐惧心理到学会游泳的过程，每一点进步都是一种成就感的体验，能够达到增强大学生自信心的目的。

（一）调节心理状态

1. 游泳运动可以提高心理素质

心理素质包括人的认识能力、情绪和情感品质、意志品质、气质和性格等个性品质。游泳运动可以促进心理品质的提高，有效地发展认知能力，培养优良品质，增强运动情感，塑造良好的个性。

2. 游泳运动可以增强意志品质

意志品质通常指自觉性、果断性、坚韧性和自制力。良好的意志品质是获得身心健全发展的重要心理因素。游泳运动是培养意志品质的重要途径,是形成健康生活习惯的良好手段之一。

3. 游泳运动可以增加健康情感

情绪与情感是影响人的体质与健康的主要心理因素,培养和完善人的情感品质,加强心理调节,克服消极的情感障碍,对增强人的体质具有重要意义。游泳作为促进身心健康的积极手段有着良好的心理调节功能。

4. 游泳运动可以健全个性特征

个性是影响体质的重要心理因素,健全的个性,对于提高人的身心健康具有重要意义。塑造健全的个性表现在:培养和发展人对社会环境的态度和积极的行为,培养和完善人的个性心理特征,培养和提高人对自我的认识与评价。游泳运动对人的个性塑造起着长久的、稳定的作用。

(二) 提高适应能力

人体的适应能力主要表现在对各种人体内外环境变化的调整适应能力、对疾病和有害生物入侵的抵抗能力,以及对各种社会心理性紧张刺激的应急能力。调节通常指人体内部的神经—体液调节、中枢神经介质调节、免疫调节和组织自身调节。适应是指与周围环境之间的关系发生较大变化时,人体采取的一系列被动性或主动性调整,其中包括生理的、心理的、行为的、急剧的、缓慢的调节等等。游泳运动是在水中进行的,相对陌生的水环境和水温都会对人产生新的刺激,由初学到熟练掌握技术,由只能游较短的距离到可以在水中畅游,适时适量的刺激对提高肌体适应能力是十分有益的。

现代人生活中有太多的不确定因素,导致人们的精神压力普遍偏高。比如学生担心自己考试通不过,担心自己不受同学老师的喜欢;

上班族操心升职加薪，担心下岗等等，各种压力使得现代人的生活充满了紧张的氛围。大家都知道，运动可消除紧张心理，主要是运动能够帮助释放不良情绪，使身体疲劳更容易入睡。而睡眠是恢复人体机能的最佳方式，可以使神经、肌肉得到充分休息。游泳运动由于其项目本身的一些特征，在缓解各种压力、提高肌体适应性方面有着独特的效果。

第一，进入水后人的活动方式有很大变化，这种变化带给人们一种新鲜感，从而能够使情绪得到转换。在一个全新的环境中进行运动，大脑受到与日常生活不同的刺激，使肌体由于运动不足所引起的精神紧张得到缓解。同时，在这个全新的环境中，即使克服小小的困难，个体也会得到很大的满足获得成就感，增强自信心。

第二，当人体进入温度较低的水中时，冷水刺激皮肤会产生冷感，这对放松神轻有较强的刺激作用。身体接触冷水后，这种强烈的刺激通过神经传至大脑，对大脑中枢的自律神经给予刺激，使交感神经紧张、脑与脑垂体受刺激，并使肾上腺机能提高，进而使消化功能增强，精神与肉体得到平衡，由精神压力所造成的紧张状况得到缓解。

二、游泳促进心理健康

（一）游泳运动与情商培养

情商是指非智力因素，就是我们常说的心理素质，它是一个人获得成功的关键。如果一个人性格孤僻、怪异、不易合作，自卑、脆弱，不能面对挫折、急躁、固执、自负，情绪不稳定，即使智商再高也很难有成就。心理学研究证明：人的心理状态是由智力因素与非智力因素共同组成的。在游泳运动实践中，要想使自己的聪明才智与精确熟练的技能得以最大限度地发挥与体现，不仅需要具备一定的智力因素，还必须有良好的非智力因素。

（二）游泳运动与智能的发展

智能是两个概念的集合，是人对客观事物的认识能力和运用知识经验、技能解决问题的综合能力。它包括认识能力和解决问题能力两个方面。

经常参加游泳运动能提高脑细胞的能力和工作效率。一方面，经常参加游泳运动可以促进大脑的开发，增强神经系统功能。现代医学研究表明，人右脑的信息容量、记忆容量和形象思维能力，都大大超过左脑，游泳运动可以使右脑得到充分的锻炼，提高人的记忆力和抽象思维能力；另一方面，游泳运动可以使神经系统的兴奋和抑制过程更加集中，对外界刺激的反应更加迅速准确，还可以提高人的视觉、听觉、感觉、神经传导的均衡性和灵活性，增强神经系统的功能。

因此，经常参加游泳运动对调节大脑皮质的兴奋与抑制，改善大脑对各系统的调节功能，有良好的作用。脑力与体育锻炼相结合使学生大脑清醒，精力充沛，对发展智力也有一定的促进作用。

(三) 游泳运动与情感体验

良好稳定的情感是人认识运动的动力，具有很强的感染力和巨大的调节作用，它能使后进者奋起直追，失败者重拾信心，冷漠者焕发热情，悲观者勇气倍增。根据大学生心理活动的规律来组织教学，结合游泳项目的特点选用恰当的教学方法，使学生在学习和掌握游泳技能的过程中体验运动的乐趣和享受人生的快乐，产生愉快和成功的情感体验。

学生在游泳学习和锻炼中获得愉快和成功的情感体验，培养了学生对游泳运动的兴趣和终身体育意识，这是学生自觉、积极、主动地进行体育锻炼的重要条件。

(四) 游泳运动促进意志品质的改善

意志品质是指一个人的果断性、坚韧性、自制力以及坚忍顽强和主动独立等品质。在大风大浪的江河湖海中游泳，没有勇敢顽强和不怕困难的精神是不行的；在深不见底、远不见边的水域中游达对岸，没有顽强的毅力和坚强的意志是不行的；在寒风暴雨中，下到冰凉刺骨的水中，没有勇敢和坚毅的决心也是不行的。因此，经常到江河湖海中游泳，并同风浪作斗争，可以培养不怕艰险、敢于斗争的精神和吃大苦、耐大劳、战胜困难的优秀品质。良好的意志品质既是在克服困难的过程中表现出来的，也是在克服困难中锻炼出来的。

（五）游泳运动能抵御心理障碍

所谓心理障碍就是由心理活动产生的，由不良刺激引起的心理异常现象，属于暂时性情绪过敏、具有情景性和偶然性的特点。游泳是人们较为喜爱的运动项目，同时也是最受心理因素困扰的运动项目之一。初学者在克服水的阻力和压力的同时，又要利用水的阻力和浮力在水中运动，大多数人会因为对水的特性缺乏了解，使平衡感受到强刺激，感觉身体虚浮，呼吸困难，中枢神经产生防御性反射，因而在心理上产生恐惧的心理障碍，影响教学的顺利进行，所以学习游泳需要心理上的放松。

在学习游泳的过程中，教师会有目的、有计划、有组织地安排很多辅助性练习加以诱导，以消除初学者的紧张心理。通过循序渐进的学习，不断克服在水中的不适应，可以使初学者的心理更加放松，有助于游泳技术的掌握。通过克服游泳学习中的心理障碍可以使学生在面对生活和学习所出现问题时自信心增强，提高解决问题的能力。

第三节 游泳健身有益增强社会适应能力

一、游泳运动促进个体的环境适应能力

个体进入一个新环境中首先需要了解周围的环境，收集有关的信息，并且对收集到的信息予以分类鉴别，这是个体对环境的认知过程。经过甄别，个体会对自己感兴趣的信息采取行动，这是认知基础上的行为适应过程。游泳以其活动环境的特殊性，从开始学习游泳就是一

个对个体环境适应能力的锻炼。特殊的生存环境,改变着个体对环境的已有认知,各种刺激都可能成为一种信息来源。经过收集信息认知到适应水中环境,最后在水环境中行动自如,是一个人对环境的完整适应过程。此外,游泳还会结识很多新朋友,带来各种各样的信息,从更大的范围上说,这也是对社会适应的一部分。

(一)游泳与环境认知能力

1. 游泳运动可以形成社会需要的个性并胜任社会角色的需要

游泳练习,能对人的有肌体施加有效影响,它不仅能影响到人体的生理属性,还能影响人的心理属性,促进人的身心健康发展。

(1)游泳运动所固有的特性,直接影响着人们形成适应社会需要的个性。个性是指人在其生理和心理素质的基础上,在一定社会环境条件下,通过实践锻炼和陶冶,逐步形成的观念、态度、习惯和行为。它是一个人比较稳定的心理、生理素质和社会行为特征的总和,是一个人能否适应社会或能否被社会接受的关键因素。

人们的个性心理特性包括人的能力、气质和性格等内容。其中,决定一个人个性的重要因素是一个人的性格。人的性格多种多样,有的人热情、坚定、果断;有的人冷漠、动摇、懦弱;有的人固执、自信、骄傲;也有的人优柔、谦和、自卑。但不管哪一种性格,其形成都与体育锻炼有着密切的关系。

游泳运动对人的个性形成具有调节功能。游泳锻炼需要体力、智力、情感和行为的参与,同时还要求人们有较高的体能和技能的投入。因此,在每次参加游泳的锻炼中要求学生尽其所能地完成动作。正是由于这一过程和感受的出现,使得每一位锻炼者在锻炼过程中有许多机会发现自己个性中的优秀部分,找到自己的不足,并决定采用何种方式巩固提高自己的长处,克服改进自己的短处。游泳锻炼能够形成正确的自我认知、自我意识、自我发现和自我改造的过程,可以使学生形成和发展个性以及实现其社会化的过程。

游泳运动对人的个性形成具有约束作用。参加游泳锻炼，每位参加者在活动中，都不同程度地接受着团队活动的约束与限制、督促与激励，促使每一位锻炼者适应群体的需要。其中不仅包括技术的、技能的，而且还包括精神的。优异者将得到赞扬和激励，反之，则会受到贬斥和忽视。游泳锻炼者正是为了取得与自己相适应的地位而刻苦努力。在群体活动中，不遵守群体规范的行为，可能要受到比较严厉的制裁或惩罚。为了与群体保持一致，练习者心甘情愿接受来自群体的约束。这些约束迫使成员不得不改变自己的某些特性。

游泳运动可以使人形成积极向上的个性。游泳活动中的主动积极性对参与者个性的形成所起的作用，虽然能使锻炼者在自我意识的调整下，表现出更积极、更主动、更自觉的锻炼需求，并以此达到增强体质和提高技能的目的。但是，此目标的实现，又必须依靠持久的努力，重复的练习，在艰苦磨炼中，提高自己的运动技术水平。这种顽强、拼搏、进取的精神，对个性的形成与发展具有重要的意义。

游泳运动可以培养人们丰富的个性。现代社会决定着现代人的情感不仅表现为强烈的责任感、道德感、执著追求感，而且也具有理性感和转移感，是人类高级情感的发生器。通过参加游泳运动给人们提供的情感体验是复杂多样的，顺应了当代大学生对情感多方面的需求。

（2）游泳运动是培养学生胜任社会角色的有效途径。在社会结构中，需要有各尽其职的多种特定权利、义务和行为规范的人员组成。每一个社会角色，都代表着有关的行为期望与规范。通过参加游泳运动，锻炼着每位参与者的适应性，为人们学习社会角色提供优越的环境与适宜的条件，以及尝试社会角色的各种机会。

2. 游泳运动与民主意识

民主是指人们对事情具有参与或自由发表意见的权力。民主是社会进步和文明的象征，是社会公德和法律要求的具体体现。

（1）游泳程序的民主化是影响人们形成民主意识的有效途径。民主包括目标的民主和程序的民主两个方面的含义。由于游泳活动参与的大众性和比赛结果评定的公开性，在程序上决定了游泳比赛必定是一个民主的过程。人人都可以平等地参加游泳活动，并在活动中获取与其天赋相适应的运动成就。

（2）游泳目标的民主化处处规范着人们的民主行为。游泳活动的民主是典型的程序民主，而游泳比赛的目标又是在严格规则控制下公平公正产生的。游泳比赛中的规则和其他竞赛文件，明确地使参与者形成了一种"契约关系"，即力争在比赛中最大限度地发挥自己的能力战胜对手，同时又要承担义务，允许对手在平等条件下与自己竞争。此外，游泳比赛的结果尽管赛前具有不确定性，但任何人又不能以任何越轨的手段制造事端。这种极大的公开性和透明度是游泳运动目标民主化的保证，同时，游泳运动民主化的产生也影响着人的民主行为养成，是教育和引导学生成为民主法制成员的有效方式。所以，游泳锻炼对培养人们适应社会的民主意识，养成民主行为，具有示范作用。

（二）游泳运动与个体适应环境能力的提高

1. 游泳运动可以提高人的沟通能力

大学生之间的沟通与关系状况，是体现大学生生活品质的最为主要的方面。生活的丰富、学业的成功，与他人稳定情感关系的建立和维持，都离不开沟通。

由于游泳教学和游泳锻炼的特殊性，每一个技术动作细节，都是在教师的讲解示范和参与者的练习实践中学习并掌握的。因此，经常存在对动作技术纠正的沟通和相互练习、自我完善的沟通。这种沟通不仅具有直观性、及时性和准确性，而且，也是主动性沟通、注意力集中性沟通和信息交流充分性沟通的典型范例。所以，经常参与游泳锻炼，对提高人的沟通能力，形成良好的人际关系，常常会产生积极的影响。

2. 游泳锻炼可以增强对肢体语言的理解和使用能力

肢体语言是相互沟通的有效方式之一，是社交过程中必须具备的能力，我们可以从不同的身体姿势所代表的含义中去理解对方要表达的意思，也可以通过肢体语言向对方表达自己内心真实的感情。游泳运动作为体育文化的组成部分，在技术、战术的创造和实践中，不断地丰富着其艺术内涵。所以，有人曾用优美的词句把各种各样的游泳竞技动作赞美成"出水芙蓉"、"水中舞蹈"，可见，游泳运动对提高人的肢体语言表达能力是很好的练习。所以，游泳锻炼可以发展学生的肢体语言，使之在社会交往中发挥作用。

3. 游泳锻炼可以改善自我意识水平和社交技能

在游泳教学活动中，教师或同学间的评价是阶段性的，个体随时随地都会有自我意识的体会，并促使个体改进自己的动作技术、调整比赛战术。通过游泳运动所形成的自我意识行为，在不断的运动实践中将变成一个人的自觉行动，将这种能力运用到社会交往中，就可以了解自己的真实面目和别人对自己言行的真实情况的反映，提高自身的社交技能。

二、游泳运动可以提高个体的适应能力

游泳运动可以培养适应社会需要的价值观。价值观念是文化观念的核心，也是文化精神的集中体现，它指的是人们对社会经济活动的价值判断或价值取向。

（一）游泳运动规范人的和平行为

虽然游泳比赛体现的是竞争，但它是建立在统一规则基础上的公平竞争，是建立在友好气氛上的相互交流与切磋。所以，游泳可以培养人的和平观念，可以规范人的和平行为，运动在潜移默化中使人们养成了和平的价值趋向。

（二）游泳锻炼处处体现着人的自由平等

游泳运动使人们处处领悟机会的均衡，所以，它处处体现着人与人的平等，使人在参与活动中深深感受着游泳锻炼的自由性。游泳运动的平等参与、平等拥有，必将影响着人们以平等的观念去处理周边事物，形成人与人平等的观念和行为。

（三）游泳锻炼培养人的进取精神

游泳锻炼在付出与收获上的因果关系，最能直接地使人们领悟成功的喜悦是靠平时的奋斗获取，辉煌的成就是由汗水铸成。所以，学生可以通过游泳锻炼培养其拼搏进取的人生观。

（四）游泳竞赛崇尚知识和人才

大学生从公平的竞争中逐渐认识到，任何一种级别的游泳比赛，不仅是速度的角逐、力量的抗衡，更是战术的拼杀、技术的较量、知识与力量的交融。所以，学生可以从游泳比赛的优胜中进一步领悟到要想在激烈的竞争中立于不败之地，必须崇尚知识、崇尚人才。

正是因为学生可以从游泳锻炼中形成以上优秀的价值取向，所以，积极主动地参与游泳锻炼，将有效地形成和提高人们适应社会的价值观。

三、游泳运动可以提高个体自我认知的能力

（一）游泳运动与个体认知

1. 游泳运动促进协作意识和协作能力的形成

（1）游泳运动对协作意识的影响。协作意识是游泳意识的基本内容之一，更是游泳竞赛的精髓所在。协作即协同配合、齐心协力。协作可以凝聚集体的力量，而这种集体的形成和保持，则取决于每一个成员是否具有强烈的协作意识和群体精神。游泳运动的集体性特点，为培养学生的协作意识、群体精神提供了有利条件。不管是以学校为单位参赛，还是个人作为游泳接力比赛的一分子，游泳竞赛决定了参

与者必须以高度的协作意识,熟练的协作行为,承担起参赛角色的权利、义务和责任。游泳需要集体力量,需要协作。然而,协作意识的形成并非一朝一夕之功,必须通过参与游泳教学、练习、竞赛等活动的有机结合,不断地重复磨炼,才能在潜移默化的过程中,逐步培养与增强这种协作意识,并使之"生活化",融入我们的工作学习之中,改善参与者的社会适应性。

(2) 游泳运动能够促进协作能力的提高。游泳,尤其是接力项目,是在同伴的配合下完成的,只靠个人技术,个人拼搏是不够的,必须遵循有序性、有机关联性等规律,全体队员之间通过默契合作,齐心协力,并运用周密娴熟的竞技战术,才能使这个集体协作运转,获得整体效益,达到比赛所期望的目的。现代社会协作无处不在,所以,协作意识的高低、协作能力的大小是决定一个人事业成功与否的重要因素之一。

2. 游泳锻炼可以培养适应社会需要的竞争意识和竞争手段

当今社会科学技术迅猛发展,各行各业的竞争日趋激烈。面对如此激烈的竞争环境,为谋生存、求发展,必须培养自身的竞争意识,具备应有的竞争手段。

(1) 游泳竞争以实力取胜。在任何游泳运动竞争活动中,最讲现实,不论资历,任何优胜者都要经过刻苦的练习,吃苦耐劳,勇于拼搏,不断提高自己的身体技能、心理水平、战术意识和团队精神,并具备把握机遇的能力,才能取胜。因此,每一位参与者都将从游泳运动的竞争中懂得优胜的硕果是来自强大的实力。

(2) 游泳竞争体现公平性。游泳运动竞争,是在严密、严格的规则和规程约束下进行的,教育着每一位参与者必须要有公平竞争的意识,并以公平竞争的方式来应对人生旅途中一次又一次的成功与失败。

(3) 游泳竞争锻炼参与者的适应性。游泳运动大到奥运会,小

第一章　游泳健身科学化的研究意义

到游戏活动，以强健体魄、增进心理健康和追逐胜利为目的，以胜利或失败而告终。然而，游泳竞赛的残酷性又往往表现在获胜只能是相对的、暂时的，而失败又是经常的、普遍的。所以，游泳运动可以使参与者在练习和比赛中建立竞争意识，游泳运动又使每一位参与者领略胜利的欢喜、失败的痛苦，锻炼着参与者享受成功或承受失败的适应能力。

（二）游泳运动增强个体适应现代生活的能力

1. 游泳促进人们适应现代生活方式

（1）游泳锻炼可以缓解、转移现代化生产方式所造成的疲劳。随着社会的不断发展，学生学习压力的增大，由脑力劳动而产生的疲劳从全身转向大脑局部、转向高级神经系统。而繁重脑力劳动导致学生生活方式的变化，并对其身心健康产生不良影响。

由于游泳运动具有实践的特性，它不仅可以通过肢体的运动，使高度疲劳的神经系统得以休息，使疲劳发生转移，而且，也可以缓解精神紧张，调节全身的平衡。所以，游泳锻炼可以在现代脑力劳动加大的生活方式中，发挥着越来越大的弥补和协调作用。它可以预防和消除当代大学生生理和心理的不适应性。

（2）游泳运动可以提高人们对现代生活节奏的适应性。由于生活节奏的加快，社会发展的不可逆性，使学生不得不调整顺应新的生活节奏，游泳运动就成了重要的适应性锻炼手段之一。在游泳运动中参与者所掌握的多种运动技能和快速活动的方式，有利于他们在完成各种复杂的动作时，做到准确、协调、敏捷，避免重复。游泳运动能起到锻炼人体神经系统、心血管系统机能的作用，从而提高人体对快节奏生活的应变能力和耐受能力。同时，也可以帮助学生克服对快节奏生活的抵触、恐惧、烦怨和焦虑等心理障碍，抑制身心紧张。游泳运动还可以扩展人们的生活空间，它号召人们在保障安全的前提下到户外去（江、河、湖、海中游泳），到大自然的怀抱中去，充分享受阳光并获得快乐。

（3）游泳运动可以丰富闲暇活动的内容。由于闲暇的增多，课外活动自然成为学生现代生活的一部分，融入了现代生活方式之中。作为课外活动的内容有许许多多，但随着人们对健康观念的增强和人们对游泳运动积极作用的认知，将游泳运动作为课外活动内容的学生也越来越多。因为在课外活动中进行游泳锻炼，既可使疲劳的身体得到积极的休息，又能精力充沛地再投入学习，又可促进心理健康，增强体质、强壮体格，从而使身心各方面的适应能力得到提高。所以，为适应现代生活方式，增强人的社会适应性，就应该提高对游泳的认识，掌握更多的自我锻炼的方法。

2. 游泳与和谐氛围的营造

要使大学生成为社会中一个健康和谐的细胞，就必须从生物人过渡到社会人。游泳活动是社会的窗口，有着人们共同而永恒的追求，如健康、快乐、友谊、公正、求实、爱国、进步等等。也有着许多必须共同遵循的道德、规则、纪律等等。运动场上，热烈的情绪始终感染着参加和观看的人群，不断地在接纳自我、实现自我。一场普通的游泳比赛，健康友谊是目的，争取胜利是目标，道德规则是准绳，团结拼搏是力量，素质、技术、战术是条件。竞争在分秒之间，友谊在理解之中，胜利永无止境。同时，游泳运动中集体项目要求参与者必须在一定的规则下活动，一定的区域、特定的风土人情、民俗文化及生活习俗等社会现象也会融入游泳运动中。因此，游泳运动也必然要与社会交融。

3. 游泳与体育道德精神

体育道德是人们据以调节体育生活及其行为的准则和规范。游泳运动与依据规则通过裁判强制性地调节人的体育行为方式不同，体育道德自律作用于人的内心，它更多的是通过个人的道德判断和自我的调节来影响人的体育行为。因此，在游泳教学和训练中，结合学生学习的全部内容和过程，对学生体育道德的行为和作风，提出严格的要求，时时处处培养学生良好的道德风尚，让他们从自己的亲身经历中学会识别什么是符合或违背体育道德的行为，进而在思想上和行为上树立正确的思想观和价值观，逐步养成自觉维护体育道德的良好习惯。

第二章 游泳健身科学化的前期准备

第一节 准备装备

游泳运动是一项必须有装备的运动,因此,游泳之前准备一些常用的装备是很有必要的。尤其是初学者参加游泳运动之前都必须做好物质上的准备,这样才能使你在活动的过程中得心应手。这些设备对避免危险、保护健康均有好处。一般装备有游泳衣裤、水镜、游泳帽、游泳辅助器材以及其他用品等等。

一、游泳衣裤

游泳衣裤按性别分为泳衣和泳裤,千姿百态的泳装都有连体和分截之别,从力学分析,"比基尼"式泳装不适合比赛。

(一)游泳衣

游泳竞赛规则规定:比赛时男运动员泳装不得高于肚脐,低于膝部。女运动员泳装可以是连体也可以是分体。但不能覆盖颈部,延伸过肩部,不能低于膝部。泳装的材质必须是透气并且不透明的纺织品。

游泳衣的选择必须合体,太大容易兜水,也增大向前的阻力;太小阻碍动作,减小幅度。泳衣表面要求光滑,以减小在水中的摩擦阻力。

女子参加游泳锻炼,选择一些较为活泼的颜色,这样可以增加美感。一般来讲,身材瘦小型的女子可选择颜色鲜艳或是两截式的泳衣,这样可使人看上去较为丰满；身材较丰满型的女子可选择深色或小碎花型，设计较为保守的泳衣，这样可使自己的身材显得苗条；而双腿短或粗的游泳爱好者，最好选择高衩的泳衣，这样穿起来可使双腿看起来修长一些。

总之，在选择泳衣时，应根据自己的身材选择一件能弥补身材缺点而又能突出优点的泳装，而不要盲目地追求时代潮流。近年来，世界顶尖游泳运动员更加关注游泳衣的选择，以最大限度地减小阻力，从2000年悉尼奥运会上澳大利亚选手索普穿上"鲨鱼皮"泳衣一举夺得3枚金牌起，到2008年北京奥运会上的第四代"鲨鱼皮"泳衣，帮助美国游泳运动员菲尔普斯创造了8枚金牌的奥运神话。随后2009年7月，国际泳联宣布，自2010年全面禁止"鲨鱼皮"泳衣的使用。这种高科技的泳装走出国际泳联的赛场。见图2—1所示。

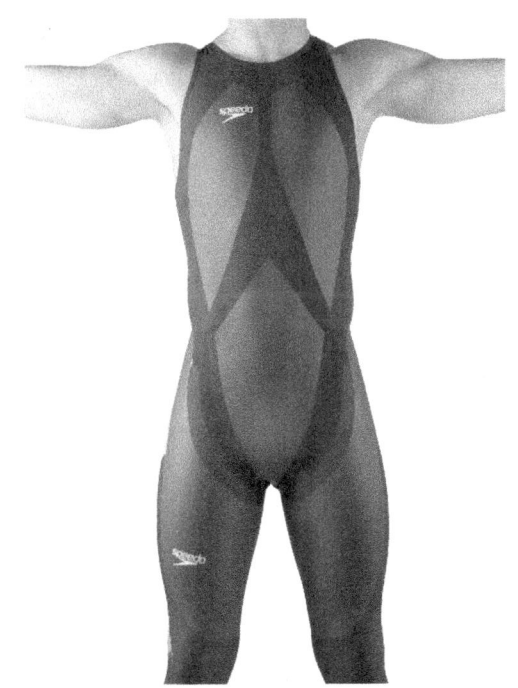

图2—1

(二) 游泳裤

男子游泳专用服装为三角及平口短裤,其质地多选择棉或化纤材料。男子游泳裤的选择也应该根据自己的身材进行决定:身材健壮的人,基本上各种款式的泳裤都适合;有小腹的人适合高腰宽边腰带的款式;臀部较大的人适合穿深色的四脚平口裤;臀部较小的人比较适合穿明亮或带荧光的色系加上横纹的款式;上身较长、下身较短的人尽量不要穿四脚泳裤,腿会看起来更短,适合穿高腰三角泳裤;矮个子的人适合穿明亮色系的直条纹泳裤,这可以让身材显长,低腰开衩的三角泳裤可以让腿显得更长;纤瘦的人适合穿花色明亮、图案丰富的泳裤;皮肤较黑的人应避免穿咖啡色或黄色系泳裤,以免看起来脏脏的。

二、游泳护目镜

游泳护目镜俗称"水镜",一般用透明硬塑料模压制而成,贴近眼眶处用海绵或橡胶黏合,防止渗水,其作用是可以保护眼睛,避免水中的细菌感染眼部,防止眼科疾病;另外一个作用是可以使初学游泳者纠正在水中睁不开眼睛的毛病。

挑选水镜时要注意其防水性、清晰度、防雾性能及胶带固定的松紧程度是否适合,对于初学游泳者来讲,选择一款价格较便宜并适合于自己的水镜的标准主要是:在游泳出发时和游泳过程中,水镜不脱落、不漏水,佩戴舒适。见图2—2所示。

图2—2

水镜的防雾常识：

（1）使用前请先用清水浸湿再佩戴，防雾效果较好。

（2）佩戴、清洗或使用水镜过程中，避免以指甲或手指接触及涂抹镜内防雾表面，防止镜片刮伤和破坏防雾效果。

（3）每次游泳完后，请用清水冲洗水镜以避免油垢覆盖干掉而阻隔防雾效果。

（4）每次游泳完后，用中性清洁剂加水轻轻用手指搓揉出泡沫后，然后用手指蘸取些泡沫，轻抹水镜镜内洗净油垢，再用清水冲洗后即可去除油垢，恢复防雾效果。

（5）长期使用及清洗，会使水镜的防雾效果减低，此时可使用防雾剂来增强防雾效果；也可以用口水涂抹于水镜镜内（不需再用清水冲洗），这些方法能够暂时防雾，但不能长期维护防雾功能，只能延长水镜使用时间。这种水镜使用前要先看镜面有无油垢，并用中性清洁剂的泡沫来清洗干净即可。

三、游泳帽

游泳帽是游泳专用装备，大多为乳胶制品，也有用全棉或化纤织物制成的。游泳帽要求表面光滑，一般为瓜形，用化纤织物或薄乳胶制成，它可以减少水的阻力和保护头发。游泳帽两侧要略长，盖紧耳部，减少水对耳的震动和压力，另外，佩戴游泳帽游泳也是一种文明的表现。见图2—3所示。

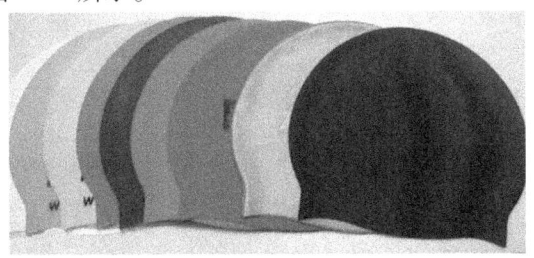

图2—3

一般游泳爱好者建议选择硅胶泳帽。硅胶泳帽弹性好,和头的密合性也佳,可防止头发直接接触到游泳池的水湿掉,冬天还有保暖的效果。乳胶或硅胶制品的泳帽在用完后要清洗、晾干并撒上爽身粉或滑石粉以防止互黏。

四、游泳辅助器材

(一)耳塞和鼻夹

耳塞和鼻夹的主要作用是防止水进入人的耳朵和鼻子,一般只是对初学者适用。

初学者在游泳前可以准备一个耳塞,以防止水进入耳朵带来不适。游泳时,使用鼻夹可强制其用嘴吸气,以避免用鼻吸气而呛水。见图2—4所示。

图2—4

(二)塑料充气器材

诸如救生圈、充气塑料玩具等等。这类产品市场上较为普遍,购买时可选择接缝严密、厚实牢靠的产品。充气嘴应设有保险装置,防止嘴塞脱落而漏气。充气的救生圈玩具适合水中戏耍、休闲玩水,用于教学训练则不受欢迎。而分别绑在两大臂和腰部的充气漂浮器材,对初学者有一定的帮助。

（三）打水板和夹腿板

打水板是学习游泳、进行打腿练习时所使用的器材，也是运动员每天训练所采用的必备器材，一般长 40~50 厘米，宽 30~40 厘米，前面为圆弧形或流线型，其材质多为泡沫塑料。打水板可用于游泳分解动作的练习，如扶板完成自由泳腿、仰泳腿、蹬蛙泳腿等练习，有一定水平的运动员还可以将打水板夹在大腿根部，进行划臂训练。见图 2—5 所示。

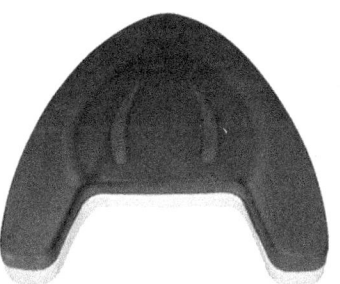

图 2—5

夹腿板是训练中做划臂练习时采用的器材，将夹腿板夹在两腿之间增加腿部的浮力，使身体位置抬高，有利于进行手臂动作的技术练习。很多运动员在训练中都非常喜欢用三角形打水板当夹腿板使用。专用的夹腿板中部有弧度，可以防止在长距离游泳过程中腿部被磨伤，因此，建议游泳爱好者使用专用的夹腿板。见图 2—6 所示。

图 2—6

(四) 脚蹼和划水板

脚蹼是现在游泳运动员比较常用的训练器材，运动员一般都比较习惯使用"蹼面"，比较小，称为"小脚蹼"或"短脚蹼"的脚蹼。这种脚蹼可以帮助运动员增加腿的力量，对脚踝部位的练习也非常好。见图2—7的所示。

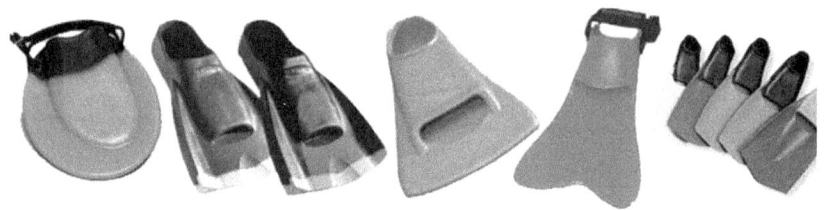

图 2—7

青少年参加潜水运动时，往往喜欢使用塑料制成的脚蹼。这种器材主要用于做上下鞭状打水的腿部练习，发展腿部力量和踝关节的柔韧性。如不经常使用，运动负荷不当容易造成踝关节受伤。

划水板是用来提高划水力量的专业训练器材，多为塑料制品，一般为游泳运动员在训练中使用。使用时戴在手掌上，以增大手的截面，划水时阻力变大，达到发展上肢力量的目的，是游泳运动员水上训练的辅助器材。有一定游泳基础的游泳爱好者，如果为了增加划水的力量，选用国产划水板就足够了。见图2—8所示。

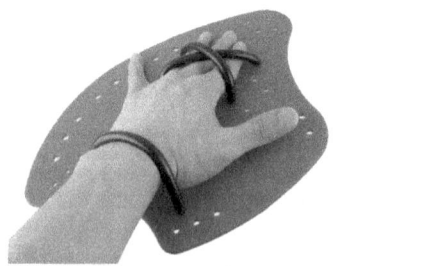 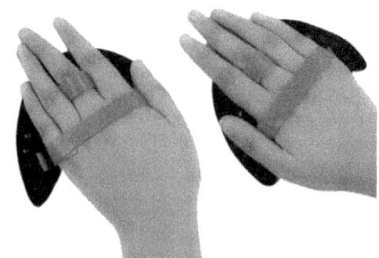

图 2—8

(五) 橡皮拉力器

橡皮拉力器是游泳运动员用来进行陆地或水上力量训练时使用的常用器材，游泳爱好者可以根据自己的需要，用医用橡胶管自制橡皮拉力器，也可以在体育器材商店购买专业的橡皮拉力器。见图2—9所示。

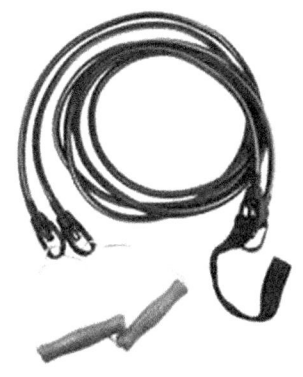

图2—9

五、游泳其他用品

(一) 运动包

准备一个具有防水功能的运动包，可以把你游泳所需的泳具及其他用品（洗涤液、护肤液和饮水瓶）装上，另外，还可以把湿的和干的物品分开。

(二) 毛巾、浴巾和拖鞋

毛巾、浴巾和拖鞋是游泳者必备的用品，尤其是在冬泳时，更是不可缺少。在游泳的间歇或游泳结束后，可以用毛巾擦干身体，披上浴巾，穿上拖鞋，既可以保暖，防止感冒，又比较卫生。

第二节 常识储备

一、游泳的安全与卫生常识

游泳是深受广大人民群众尤其是青少年所喜爱的一项体育活动。我国幅员辽阔，漫长的海岸线上有众多优良的海滨浴场和遍布各地的江河湖泊，为人们的游泳活动提供了良好的天然场所，大量的人工游泳场馆，更为群众性游泳活动的开展创造了有利的条件。然而，水能载舟，亦能覆舟。游泳是在水环境中的活动，如果不注意安全和卫生，不仅会发生各种伤病，损害身体健康，甚至可能发生溺水死亡事故。因此，从游泳教学或群众性游泳活动的组织者到一般游泳者，都应当高度重视游泳的安全与卫生，都有必要了解游泳的安全卫生知识，掌握科学锻炼的方法，防止意外事故的发生。

（一）树立"安全第一"的思想，加强宣传，搞好组织工作

游泳是一项很好的运动方式，进行游泳教学或开展群众性游泳活动时，首先应该将安全摆在首位。要认真考虑并落实安全措施，做好充分的准备，保证万无一失。比如：设立醒目的警示牌，用简洁易懂的语言，提示锻炼者要严格遵守安全规则，树立安全观念。

游泳者必须严格遵守安全规定，最好是有组织地参加游泳活动，游泳时要互相关心，互相照顾，同去同返，中途离开时应有所交代，不要单独行动，尤其是在自然水域更不能独自游泳。

游泳场所必须加强安全管理，按规定配备合格的救生员和救生器材与设施，同时还应该配备医护人员，对出现较严重的溺水者要进行紧急处理。游泳场所的管理者，必须根据具体情况，建立严密的安全保障制度，避免意外事故的发生，管理人员除了每天检查安全设备外，还要防止有传染病的人进入泳区，救护人员要时时保持警惕，发现溺

水者,应及时进行救护。

(二)选择安全卫生的游泳场所

尽量选择人工游泳场馆参加游泳运动。人工游泳场馆的管理比较严格,深水和浅水有明显的标志,泳池的水也经常消毒、排污和过滤,清晰度较高,安全卫生方面有保障。

如果到自然水域游泳,一定要先了解水深,水下有无水草、淤泥及漩涡、暗流,了解水质是否清洁等情况,选择合适的水域游泳。海边游泳,要了解潮汐规律,摸清涨潮、退潮时间,尽量不要远离海边。

暴风雨期间,急流易产生漩涡的环境,不宜游泳。

(三)游泳前严格体检

游泳前进行身体检查,主要是防止患病者游泳时发生事故,同时也避免疾病的相互传染。

凡患有心脏病、高血压、癫痫、活动性肺结核、传染性肝炎、皮肤病、红眼病、精神病、中耳炎、开放性创伤者都不宜游泳;妇女月经期游泳须采取卫生措施,未采取措施不宜下水。

(四)饮酒、饱食或饥饿、过度疲劳时不能游泳

酒精能使中枢神经系统处于过度兴奋或抑制状态,酒后游泳容易发生溺水事故。

游泳前不宜吃得太饱,饭后不宜立即游泳,最好是休息半小时到一小时后再游泳。饭后立即游泳会减少消化器官的血液供应,使消化器官功能降低,影响食物的消化和吸收,同时,由于水的温度和压力会使胃肠的蠕动受到影响,引起胃痉挛、腹痛或呕吐。

饥饿时游泳也不好,因为空腹时人体血糖含量下降,游泳时易发生头晕或四肢无力现象,甚至有昏厥的可能。

剧烈运动或强体力劳动后,由于身体疲劳,肌体反应能力、协调性下降,应休息一会儿,等体力恢复正常后再游泳。如果马上游泳容

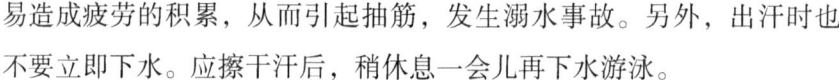

易造成疲劳的积累，从而引起抽筋，发生溺水事故。另外，出汗时也不要立即下水。应擦干汗后，稍休息一会儿再下水游泳。

（五）自觉遵守社会公德，文明游泳

游泳时应讲文明，自觉遵守社会公德。注意着装，不要将内衣当泳装，不宜穿白色、浅黄色等浅色泳装游泳。严禁在游泳场所追逐打闹，以免滑倒或碰撞其他游泳者，导致自己或他人受伤；严禁向水中吐痰、便溺和抛弃杂物，以免污染水质，损害自身和他人的健康。

（六）游泳前要做好准备活动

游泳前必须做好准备活动，通过准备活动，可提高神经系统的兴奋性，增强心血管系统和呼吸系统的功能，加快血液循环和新陈代谢，增加肌肉的力量和弹性，提高身体的灵活性，有利于身体更好更快地适应游泳运动的需要，同时对防止抽筋、拉伤也有积极的作用。

游泳前的准备活动，一般可做广播操、跑步、游泳模仿动作及各种拉长肌肉和韧带的练习，特别要进行颈、肩、腰、髋、膝、踝、腕等各关节的活动。冬泳时准备活动要更充分一些。

准备活动后最好稍歇片刻，用冷水淋浴全身后再下水游泳。这既能保持游泳池水质清洁，也能使游泳者提前适应冷水刺激，以免突然因冷水刺激的不适应而出现意外。

（七）量力而行不逞能

游泳者要量力而行，不要好胜逞能。不会游泳的人，在学习游泳时，要有人看护及指导；不擅游泳者，不要到深水区游泳。游泳时，初学者应在浅水区域活动；会游泳者，应合理安排运动量。当自感身体有异常反应时，如头晕、头痛、胃痛、恶心或呕吐时应立即上岸，擦干身体休息，等身体恢复后再下水。

不要勉强自己做长距离游泳，因为游程中常会因气力不继或抽筋而出事。如过高估计自己的体力和技术而远游，可能因体力不支而导致意外事故发生。没有潜水技能,严禁进行潜水探险或水下摸物,以免因长时间缺氧失去知觉而导致意外事故的发生。

(八)自救和呼救

游泳时出现险情(如抽筋),立即上岸休息。若离岸较远,应尽量保持冷静,不要慌张,首先进行自我解救,同时呼救,以便周围的人及时来帮助、救护。

发现他人游泳遇险时,应迅速过去救护,同时大声呼救,让周围的人来与你一起施救,并抛掷浮物、救生圈及绳子等物协助救援。但从未学习过救护技术并水性较差的人不宜参加水中救护。

应鼓励儿童参加水中救护学习,以增加其救护常识的掌握。

(九)注意卫生保健,预防疾病发生

游泳出水后,应及时冲洗身体,将身体擦干后再穿上衣服,以防感冒;及时滴眼药水,预防眼病;稍做休息后,再进食或进行其他活动。

游泳者容易发生眼、耳疾病。预防眼病,要选择干净的游泳场所游泳,注意维护公共卫生。游泳后要向眼中点氯霉素眼液或金霉素眼药膏,切勿用脏手乱擦眼睛,以防挫伤结膜,或使细菌进入眼内发生感染。

游泳时水进入耳内,会让人有不适感。可把头偏向进水耳朵的一侧,并用同侧的脚连续震跳,使水从耳朵内流出来;或者将头偏向进水耳朵的一侧,用手掌紧压耳郭,屏住呼吸,然后迅速提起手掌,反复几次后,就可以吸出水来;也可用消毒的棉棒和柔软的吸水纸,轻轻地伸进耳道把水吸出。如果无法将耳内的水排出,应及时就医,切勿用手指或其他物品乱掏耳道,以免引起耳内感染。

二、自然水域游泳时的安全事项

到自然水域游泳,可以感受大自然的美好风光,还能培养顽强勇敢的意志品质。由于自然水域条件复杂,游泳过程中可能会遇到一些特殊情况。

(一) 潮汛

在海滨或江边游泳,可能会遇到潮汛的危险,所以应当首先了解当地的潮汛情况,掌握水流运动的规律,最好不要在退潮时游泳,以免被水流带走。

到海滨或江边游泳的最佳时间是平潮前后的 2~4 小时。平潮的时间可用农历日期乘以 0.8 来估算。例如:计算农历十五的平潮时间为 $15 \times 0.8 = 12$,就是说农历十五的平潮时间约在中午及午夜的 12 点钟。

(二) 波浪

自然水域游泳时常会遇到波浪。波浪有两种:一种是涌浪;另一种是风浪。涌浪的浪峰高、浪谷深、起伏大、有规律,风浪的外形多不规则,浪峰常有白色的浪花。

对付波浪,主要是辨别它的方向、速度和大小,以便掌握好呼吸时机和头的朝向,避免呛水。波浪从正面过来时,可在浪头到达之前深吸一口气,低头入水,等浪头过去后再浮出水面换气;浪头若从侧面打来,应将头转到另一侧去吸气;浪头若从后面打来,应等浪头过去后再抬头吸气。如遇到不规则的小风浪,换气时可将头部适当地抬高些,或采用抬头游泳,如抬头自由泳、抬头蛙泳、踩水等等。

(三) 漩涡

江河中凡是水流的方向和速度突然改变的地方,都容易出现漩涡,漩涡的中心下陷,水面常有杂物在打转,其水流能将物体卷入水底。如江峡急流段、两条河流交汇处、桥墩水闸的下游、排水管出水口处、水底有岩石突起或其他障碍物处都可能出现漩涡。

应注意观察游泳水域,避开有漩涡的水域。如已经接近漩涡,应顺着漩涡的外沿,用自由泳快速游过;倘若已被漩涡卷住,应保持镇静，身体平卧，用自由泳或侧泳冲出漩涡。切不可直立踩水或潜入水中，以免发生危险。

（四）淤泥

游泳时，要尽量避开有淤泥的地方，江河湖泊缓流地带，靠近岸边或浅滩处多有淤泥。如果不慎陷入淤泥，应使身体俯卧水面，用两手在体侧做连续快速向下用力压水的动作，同时脚尖自然伸直，并轻轻向上拔出，脱离淤泥后从原路退出淤泥地带。千万不能采取单脚站立企图拔出另一只脚的办法，那会使游泳者越陷越深。

（五）水草

在选择游泳场所时同样应该避开有水草的地方。游泳时不慎被水草缠住，应保持冷静，立即平直地仰卧水中，慢慢解开缠住肢体的杂草，然后两臂靠近体侧，用手掌拨动划水，从原路退出水草区。游泳技术不好者或自己不能解脱者，应及时呼救，千万不可手忙脚乱或直立起来，以免水草越缠越多更难解脱。

（六）暗流、暗礁

严禁到有暗流和暗礁的水域游泳。暗流一般出现在两条河流的交汇处，它的流动是不规则的。有暗流的地方，水面上有些翻滚，水流迂回曲折或有些逆流，能感觉水温忽凉忽热。游泳时遇到暗流，不要潜泳，而应在水面上游，并向水流规则的水面游去。

海滨游泳，下水前应观察好周围情况；江河中游泳，要注意观察前方水情。有暗礁的地方，水流一般会突然变向、出现漩涡、水面有浪花涌动，应尽早发现，及时避开，以免撞上暗礁而出现危险。

另外，江河中常有船只、木排、竹排过往或停靠岸边，应尽量避免到这种水域去游泳。若在游泳中遇到船只、木排、竹排过往，及早避开，以免被撞伤或卷入水底。

（七）雷电

雷雨天不宜下水游泳。若在游泳中遇到雷雨时，应迅速上岸，寻找安全地点躲避，千万不能躲在大树下。在空旷地带遇闪电时，不要互相拉着跑，应分散并蹲下，尽量减少身体高度和缩小身体面积，以免雷击的伤害。

三、意外落水的应急措施

在日常生活中，意外落水的事件时有发生。造成意外落水的原因很多，常见的有：渡江河时翻船落水、因码头拥挤落水、过河时失足落水及突发洪灾落水等等。发生溺水事故中大多是不会游泳者，但有时会游泳者也难以幸免。因此，我们除了掌握好游泳技术外，还必须知道出现意外落水事件时，应采取什么应急措施，保证生命安全。

出现意外落水事件时，应保持头脑冷静，迅速采取相应措施，以确保人身安全。

（1）判断落水位置和周围环境，就近抓住水中较大的漂浮物，如木板、树木等等。迅速脱去鞋子及厚重的衣裤，以免衣裤浸水后限制肢体的活动并拖着身体下沉，同时注意保存体力。会游泳者可顺水流慢慢游回岸边；不会游泳者应抱住漂浮物等待救援，并注意与救援者密切配合。

（2）因船只遇险而落水时，应尽快离开下沉的船只。离开时注意避开水面上的漂浮物，以免被缠住或撞伤，如水面上有漂浮的油污，应尽快游离此水域，以免吸入油污中毒。

四、冬泳

冬泳，即冬季在冷水中进行游泳锻炼。通过冬泳，可以改善人体的体温调节功能，增强体质，提高御寒和抵抗疾病的能力，而且能培养勇敢顽强的意志品质。进行冬泳锻炼，最好是从夏天、秋天游泳的基础上坚持下去，以使身体对气温、水温的变化有个自然适应的过程。

（一）冬泳的过程中，冬泳者的身体对气温、水温变化的适应过程

（1）入水后几分钟，皮肤发白，有刺骨的麻痛感并伴有一定程度

的呼吸困难症状，冬泳者出现第一次冷感。此时，只要稍微忍耐一会儿就能适应冷水的刺激。

（2）由于皮肤受到冷水的刺激，冬泳者的肌肉会反射性地紧张，肾上腺皮质、髓质以及甲状腺的分泌也不断加强，促使皮肤毛细血管扩张，血液流向皮肤，使人逐渐出现温暖的感觉。这种温暖感觉的持续时间，一般与冬泳者锻炼水平的高低、运动强度的大小以及水温的高低有密切关系。一般来说，锻炼水平高、运动强度小、水温高，温暖期持续的时间就长；否则，持续的时间就短。

（3）随着水中停留时间的延长，人体产生第二次冷感，肌肉会出现不自主的收缩，即出现寒战。此时，如果人体继续停留在水中，体温会较大幅度地下降，皮肤、嘴唇呈青紫色，严重时会引发肌肉痉挛，甚至导致溺水死亡事故。

（二）冬泳安全注意事项

（1）江河或湖泊，应选择容易下水和上岸的水域冬泳。

（2）冬泳过程中，刚入水时会有一些正常的身体反应，如四肢发麻、头胀痛、呼吸困难、皮肤发白、肌肉僵硬，出水后颤抖、反应有些迟钝、动作控制能力下降等等。只要坚持一会儿，就会逐渐适应并恢复正常。

（3）进行冬泳锻炼，要有固定的时间，以便人体的体温调节功能建立起时间条件反射。

（4）下水前要做好充分的准备活动，一般要求达到身体发热但不出汗的程度；入水前，先用冷水浇湿四肢，再用冷水浇湿胸部和额部，使身体尽快适应冷水的刺激。

（5）在寒冷的北方，应选择冰下水流速度较慢的地方进行破冰冬泳，须小心缓慢地入水，以防止冰凌割破皮肤，入水后也不要潜泳，以免误入冰下出现事故。

（6）冬泳者应根据自己的锻炼水平、运动强度以及水温等实际情况，掌握好锻炼的时间。一般应在出现第二次冷感前上岸。

（7）冬泳上岸后，应迅速用柔软的干毛巾擦干身体，选择避风处更衣，注意保暖，预防冻伤。

（8）冬泳后出现不良反应，如心跳加快、心律不齐、头部胀痛、食欲缺乏、恶心呕吐等症状，应停止冬泳锻炼，尽快请医生诊治，恢复正常后才能继续参加冬泳。

第三节　热身、伸展和放松

一、游泳热身准备

最好的热身方法是下水慢游几百米。但是这样容易出现一个问题，即如果水很凉，你可能会用很快的速度来游，以摆脱寒冷的感觉。可是这么做是错误的。较好的办法是事先了解什么范围的水温会使你难以抗拒寒冷的侵袭，使你不得不在开始时采用较快的游速，并进而避免这种情况，采取迂回的热身方法。在这种情况下，最好在水下（较凉的水）前做一些陆地热身活动，如健身操、快走、慢跑或其他能使体温升高、新陈代谢加强的活动。衡量热身是否合适的标准是陆地热身应使你适度出汗。你应该在热身后，身体温度还没有降下来之前立即下水。

游几百米后，身体就基本上已经适应了水温，此时开始集中注意力，调动神经肌肉系统的积极性，按正确的技术游泳。游泳基本技术练习可以作为理想的热身计划来执行。开始各做一趟静力平衡练习，然后过渡到动力平衡练习，最后做分解技术练习。对自己来说难度较大的练习可以多做1~2次。

用基本技术练习作为热身活动，可以使你的肌肉达到配合游的幅度，同时又可以分开地练习部分动作，使你很容易集中注意力做好正确动作。你的大脑一般需要一定的时间才能充分调动起来，而基本技术练习正好提供了这个时间。在热身时，应避免做毫无意义的长游，只有愚蠢和无知的人才会这么浪费自己的时间。

做完一套基本技术练习后，可以做几百米完整配合游泳。但这时最好还是交替做基本技术练习和配合游练习，这样可以将分解练习的正确技术运用到完整配合中，使基本技术练习的效果向配合游渗透。可以用10～15分钟进行水中有效热身。

二、游泳伸展练习

（1）内旋提升组合拉伸。侧向靠墙站立，上抬靠墙一侧的手臂，使小臂靠在墙上，并与上臂之间保持直角。然后，缓慢将身体向墙的一侧倾斜，直至感受到胳膊下方肌肉的拉伸，充分拉伸后换另一臂拉伸。见图2—10所示。

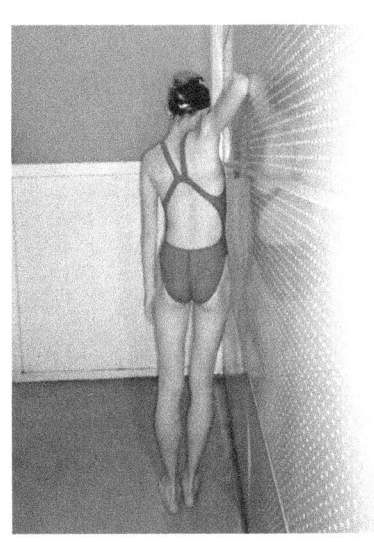

图 2—10

（2）圆肌的拉伸。站姿，左臂前平举，屈肘将左手置于右肩上，右手抓住左臂肘关节向右侧拉伸。然后，换右臂进行练习。见图2—11所示。

图 2—11

（3）上部斜方肌的拉伸。直立姿势，左臂向后背弯曲平放于腰处，右手上举经后脑勺抱住头部左侧，身体缓慢向右侧进行拉伸。需要注意，在做这个练习的时候应该努力使肩部向下拉伸，避免把拉伸的压力集中到脖子。然后，换左臂向左侧拉伸。见图 2—12 所示。

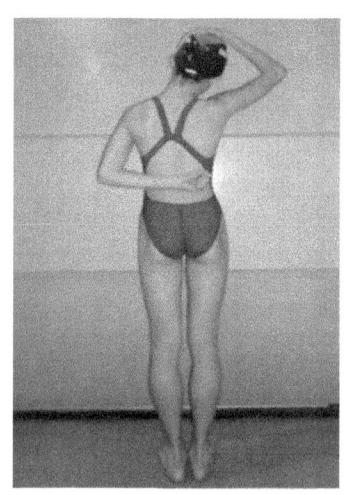

图 2—12

（4）外旋肌的拉伸。自然站立，两臂后背交叉，右手由内侧抓住左臂肘关节，向右侧进行最大限度地拉伸。然后，交换进行另一只手臂的拉伸。见图2—13所示。

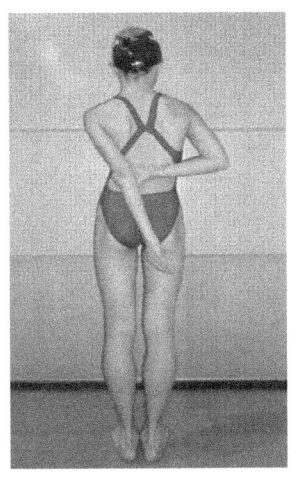

图2—13

（5）内旋肌的拉伸。自然站立，右臂屈肘上举至肘关节竖直朝上，右手置于颈后，左臂经后背由下向上，至两手手指相扣时，右臂用力向上拉，左臂用力向下拉。然后，两臂交换方向进行另一面的拉伸。见图2—14所示。

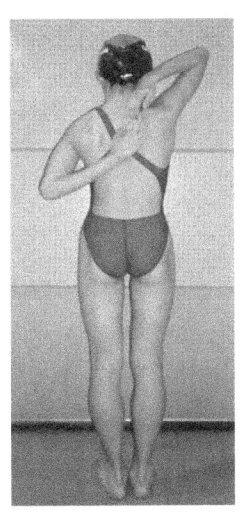

图2—14

（6）脑三头肌的拉伸。自然站立，左臂屈肘上举至肘关节竖直朝上，左手掌置于后背中线，右手抱住左臂肘关节，向左侧及下方进行拉伸。然后，两臂交换方向进行另一面的拉伸。见图2—15所示。

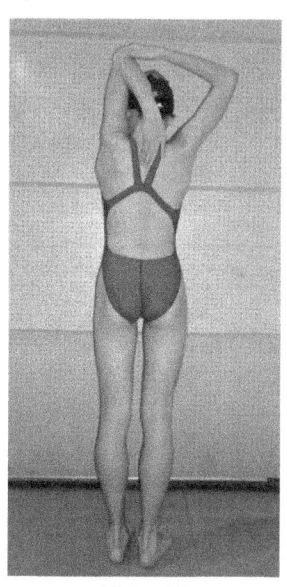

图2—15

（7）腿部后侧肌肉的拉伸。练习的起始姿势是仰卧，左脚的脚后跟放在瑞士球上，右腿保持与地面垂直，保持右腿伸直，两手扶住右腿向胸前运动。然后，换腿进行练习。见图2—16所示。

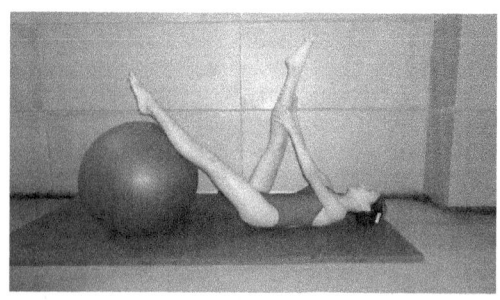

图2—16

（8）背阔肌的拉伸。此练习对游泳运动员非常重要。练习的起始姿势是运动员侧躺在瑞士球上，两腿略微分开以保持身体平衡，两臂在瑞士球巨下进行拉伸。然后，换另一面拉伸。见图2—17所示。

图2—17

（9）胸肌的拉伸。起始姿势是双膝跪地，右手手掌扶地以保持平衡，左手手臂置于瑞士球上，整个身体向下压，使胸部肌肉得到充分拉伸。然后，换另一只手进行拉伸。见图2—18所示。

图2—18

（10）仰卧拉伸。身体仰卧于瑞士球之上，两臂上举至两手扶地，虎日相对，两脚触地，两腿尽量进行拉伸。见图2—19所示。

图2—19

三、游泳放松运动

（一）按摩放松

从方法上分，大致又可分为自我按摩、互相按摩、医生按摩、器械按摩等几种。这里主要介绍前三种。

（1）自我按摩：除了背部以外几乎全身均可自我按摩、自我放松。按摩手法主要有按、摩、揉、捏、推、压、拍、打等几种，还有穴位自我按摩。国外最近推崇穴位自我脚底按摩，因为脚底有 50 个与内脏器官相应的反射区，这些穴位具有调节的功能。

（2）互相按摩：在没有医生按摩的情况下，运动员相互按摩是个好方法。在洗澡时也可以用皂液做自我或互相按摩。它会使皮肤润滑，阻力减小，手法也容易做，边洗、边活动、边按摩，不仅达到放松身心的目的，而且还可以强壮肌肉。

对大块肌肉，采用脚踩按摩较好。由于脚比手面积大，下肢力量比上肢大，必要时可以全身重量加上用力，容易传到肌肉的深层，达到挤排肌肉代谢废物的目的，而且比较省力。方法是用脚底做揉、推、压或踩，可以一脚也可以两脚，可以用脚前掌、脚弓，也可以用脚跟或全脚进行。

（3）医生按摩：医生按摩有气功按摩、经穴按摩及放松按摩之分。在所有按摩方法中，医生按摩最受运动员欢迎。因为医生能根据不同情况做出不同处理，手法比较恰当，如某块肌肉的硬块硬条，医生凭借手法能仔细判断，手法该重的就重，该轻的就轻，力量能够恰到好处，对运动员来讲有助于恢复。

（二）游泳运动员参与活动的主要肌肉及按摩手法的选择

（1）参与活动的主要肌肉：根据游泳技术动作和用力方向，参与工作的肌肉主要有以下几个部分。

前臂：尺侧腕屈肌、桡侧腕屈肌、尺侧腕伸肌、桡侧腕伸肌。

上臂：肱二头肌、肱三头肌、三角肌。

胸背：胸大肌、前锯肌、背阔肌、斜方肌、大圆肌、小圆肌。

腹部：腹直肌、腹斜肌。

大小腿：股四头肌、股二头肌、臀大肌、小腿三头肌。

（2）按摩手法的选择：取决于训练课的任务，比如课前或比赛前为了改善运动员关节韧带的状况，则应增加促使关节活动范围增大的手法，如按摩、揉捏等等。训练课结束后或比赛后，为加快肌体恢复，可以对所有肌肉和关节部位进行均匀的按摩，时间可以安排在运动后进行。见表2—1所示。

表2—1 身体各部位的有效按摩手法

按摩部位	时间（分钟）	手法							
		轻按摩	重按摩	撩摩	揉捏	局部抖动	振荡或抖动	叩击	运拉
背	10	√	√	√	√	√		√	
颈	2.5	√	√	√	√	√	√		√
上臂	5	√	√		√	√	√		
前臂手	4	√		√	√	√	√		√
胸	5	√	√	√	√	√	√		
大腿	4	√	√	√	√	√	√		
小腿	2								
踝关节	1	√		√					
腹部	2.5	√							
骨盆	2.5	√	√	√	√	√		√	

第三章 游泳健身科学化的体能储备

第一节 力量素质储备

一、力量训练基本原理与方法

（一）游泳时的肌肉用力情况

根据前苏联学者夏维列夫用肌电描记测得快速游泳时的运动肌电图可知，背阔肌、胸大肌、肱三头肌、肱二头肌、大圆肌是4种游泳姿势推动身体向前游进的主要原动肌。4种姿势中自由泳和仰泳主要肌肉用力情况大体相近；而蝶泳和蛙泳则又有它的特殊性：蝶泳中斜方肌、腹直肌、三角肌的用力很突出；蛙泳中三角肌前部、股四头肌、股二头肌、臀大肌、腓肠肌、阔筋膜张肌的用力则很突出。见表3—1所示。

表3—1 快速游泳时的肌电描记

肌肉名称	游泳姿势			
	自由泳	仰泳	蝶泳	蛙泳
胸大肌	100	96	89	65
肱二头肌	100	82	86	50
肱三头肌	100	97	80	60
胸小肌	100	85	75	50

续表

肌肉名称	游泳姿势			
	自由泳	仰泳	蝶泳	蛙泳
三角肌（后部）	100	95	90	64
背阔肌	97	100	88	86
三角肌（前部）	62	57	48	100
斜方肌	68	46	100	42
腹直肌	50	67	100	64
股四头肌	52	64	50	100
股二头肌	51	61	55	100
臀大肌	44	60	40	100
腓肠肌	53	38	45	100
阔筋膜张肌	51	55	50	100

此外，臂内旋肌、手腕肌和手指屈肌包括桡侧腕屈肌、尺侧腕屈肌、掌长肌在划水中也参与用力。有些运动员上述肌肉力量不足，就难以克服在划水时所遇到的阻力，手指、手腕对水的控制很差，不能产生有效的推动力，影响了速度和比赛成绩。

由此，肌肉虽不产生动力，但起支撑、连接和保持身体平衡，使躯干成流线型姿势的作用，如骶棘肌、腹直肌。

（二）决定力量大小的生理基础

力量大小与骨骼肌的特点有关，包括肌肉的生理横断面、肌纤维类型、肌肉代谢能力、肌肉初长度、神经系统的调节能力、骨杠杆的机械效率等等。

肌肉生理横断面是指一块肌肉中所有肌纤维横断面积之和。肌肉生理横断面越大，肌肉力量就越大。实验证明，肌纤维的增粗主要因为其中肌凝蛋白含量增加，当肌肉收缩时，更多的横桥产生较大的平行拉力，力量就大。

肌纤维按照收缩特性可分为快肌和慢肌。快肌纤维收缩速度快，而且产生的张力也大，但易疲劳，主要表现为快速力量；而慢肌纤维收缩速度慢，产生的张力也小，不易疲劳，表现为肌肉耐力。

肌糖原是存在于肌肉中的多糖，是肌肉收缩时的能源物质，其数量的多少与肌肉力量有关，贮存的量越多，肌肉收缩力量就越大。当肌糖原下降了1/3时，肌肉收缩能力就会明显下降。在体育运动中常有人利用糖原填充法或超量恢复来提高运动员比赛时的肌糖原含量，从而达到提高肌肉收缩能力的目的。

实验表明，肌肉的初长度与力量大小有密切的关系。在一定范围内，肌肉的初长度越长，收缩时产生的张力就越大。因为肌肉长度同肌纤蛋白和肌凝蛋白的重叠程度不同。当肌肉被拉到一定长度时，重叠程度最大，横桥与结合点的结合率最高，因而产生的平行拉力最大。所以，在做游泳动作时，应该先使肌肉的初长度增加，即要充分的伸展，从而增加肌肉的收缩力量，提高运动速度。

此外，力量的大小还与神经的调节能力有很大关系。运动实践中，通过训练可以改善神经系统募集运动单位的机能能力。当更多的肌纤维共同参加收缩，势必增大力量。神经支配调节的改善对肌肉力量的影响主要包括：运动员参加收缩的运动单位增多，参加收缩的肌纤维数量增多；改善主动肌与协同肌、对抗肌的相互协调关系；大脑皮层神经过程的强度和灵活性的改善，可以显著提高肌肉力量。

骨杠杆的机械效率对肌肉力量的大小也有较大影响。人体通过肌肉、骨骼和关节组成了骨杠杆力学系统，在肌肉收缩和人体运动中，骨杠杆的机械效率对肌肉力量有直接影响。骨杠杆的效率主要是通过身体某部分运动环节位置的改变，引起肌肉的牵拉角度和骨杠杆阻力臂与力臂相对长度比率的变化而实现的。这与运动动作的技术因素有很大关系。一般在骨杠杆上沿直角牵拉时产生的机械效率，远离直角的度数越大，拉力则越小。

(三)发展力量素质的基本训练方法

要想迅速提高游泳水平,力量训练是关键。在日常的陆地力量训练中,运动员不仅要进行全面系统的综合力量训练,更应该进行专项力量训练,这对短距离的项目是非常重要的;而对长距离的项目,应在保持较高耐力水平的基础上,增强绝对肌力和爆发力水平。短距离项目力量训练应以重力量、少次数、无氧训练为主。为突出专项力量特点,在打好最大力量练习的基础上着重强调完成动作的速度,应尽可能地在短时间内完成最大力量的练习;长距离项目力量训练应以重复次数多、持续时间长、有氧训练为主。发展力量耐力在此项目中显得非常重要,实验表明,单位时间内,肌肉克服阻力的能力越强,在其他条件不变的情况下,其专项力量耐力越强。在长距离的力量训练中,要注意解决局部与整体的关系,注意大肌肉群与小肌肉群并重,特别要加强肌肉力量薄弱环节的训练,使运动员肌体各部位力量得到全面均衡发展。

进行任何方向训练的同时,也伴随着肌肉内部结构代谢方面的改变,然而,适应过程变化的表现程度,取决于负重量、肌肉收缩方式、收缩速度、练习的持续时间和肌肉组织的个体结构特点。总之,取决于发展某些力量能力的方法和手段的选择。

1. 发展最大力量的方法

游泳运动员的最大力量不仅与极限游速关系密切,而且在相当大的程度上决定耐力工作能力。力量储备值越高,运动员完成负重相当于肌肉最大用力的50%~90%动力工作的能力越高。运动实践中,为发展最大力量采用下述几种方法。

(1)最大力量练习法

每个动作做5~8组,每组做1~3次。该练习方法的目的在于增加募集运动单位的量,提高运动单位工作的同步能力,但对肌肉的成形代谢和其他各类代谢过程影响不大,因为这种训练方法对肌肉的作用时间短。

(2) 重复最大力量练习法

运动员选择的重量应是每组练习可重复 6~8 次至 10~12 次。这种练习中,每组练习与上一组练习相比,肌体会受到更强烈地训练刺激,这种极限负重的练习有助于更多的运动单位投入工作。为激活蛋白质的合成,这种练习方法动作的重复次数应达到一定数量,如进行 10 组负重练习,练习总量应达 100 次以上。

(3) 超重退让力量练习法

为增加极限力量,国内很多游泳运动员成功地采用了超重退让捆量练习法。采用这种方法训练时,运动员使用超过极限静力 30%~40% 的重量进行练习。器械下落时间为 4~6 秒(在同伴或教练协助下进行的)上挺(举)时间为 23 秒。每组重复 8~12 次,每次课每个动作做 3~4 组。练习重量有助于运动员更多运动单位的增加,练习的持续时间有助于练习过程中吸引更多的运动单位参与工作。这种练习方式既有利于激活快肌纤维,也有利于激活慢肌纤维调节器和结构的适应过程。

(4) 等长力量练习法

指在静态姿势下表现极度紧张,坚持 5~10 秒,并在最后的 2~1 秒内进行更加极度紧张的练习。练习的主要目的不在于练习重量,而在于肌肉紧张的持续时间。等长力量练习在关节保持一定角度情况下,可对某些肌肉和肌群产生局部影响力,增强动作记忆,这在游泳教学和改进技术时,对强化技术动作特别重要。然而等长练习也有很多不足,力量的增加很快会中止,动作速度会下降,协调性也会下降。此外,这种练习法只能增强进行等长练习时,保持某种姿势下的力量。因此,在游泳运动中,以慢动作进行的、划水至中间部位停顿并保持肌紧张 3~5 秒的等长练习,和将铁片拉至不同部位停顿 5~6 秒的等长练习较为普及。等长力量训练法主要有助于慢肌纤维的增粗。

第三章　游泳健身科学化的体能储备

(5) 等动练习法

指游泳运动员为发展极限力量，采用慢速大重量的角速度不超过每秒100度的等动训练法。进行等动练习时，肌肉在整个运动过程中，都应承受极限负荷，并保持恒速或后程加速。等动练习与其他练习方式相比，有更多的运动单位参与工作。可以采用等动练习器进行发展不同肌群力量的练习。为发展极限力量，练习重量以每组练习不超过6~10次为限，每个动作时间在4~8秒之间，一组练习时间在30~50秒之间。

少年运动员，特别是少年女运动员和成年运动员进行力量训练时，为发展极限力量采用中等重量、重复极限次数的练习方法是相当有效的。这种训练主要可使慢肌纤维（兴奋阈较低的肌纤维）增粗并增进其力量。采用极限能力50%~60%的重量进行训练，肌群增粗和力量增大最明显。这种训练方法由于重复次数较多，有助于更多的运动单位逐步投入工作。由于每组练习持续时间较长，一般是1.5~3分钟，这种练习方法力量耐力的增长较力量的增长更为显著。

2. 发展爆发力的方法

发展爆发力对游泳成绩的提高有一定作用。爆发力有助于有效完成出发和转身的蹬边（台）动作，在一定程度上有助于完成突然加速游动作。为发展臂部的爆发力，可采用中等重量，极限速度的一次性练习动作，以及采用中等阻力，一次性极限速度的高速等动练习。考虑到肌肉的紧张程度和意志的承受能力，练习强度应保证每组练习次数不超过10次，动作频率可随意。

发展腿部爆发力可采用超等长练习法，这种方法的特点是从一个高度跳下后，再跳上一个极限高度，运动员应不等落地缓冲结束，即开始上跳。这种方法依据"拉长收缩"的非条件反射原理，快速拉长肌肉后收缩的力量较不预先拉长肌肉表现的肌力大得多。如此练习可调动大量的快运动单位参与工作。

3. 发展速度力量的方法

速度力量和力量耐力训练的目的是提高肌肉收缩能力和负重练习时的供能能力。这类练习一般模仿划水动作练习，并可使极限力量和肌体机能同时得以提高。练习重量和力量练习的供能方式是主要的训练因素。练习的负荷重量决定了主要由快或者慢肌参与工作，而各组练习中每次动作的持续时间和动作频率，决定ATP糖酵解再合成的性质。

发展速度力量的主要训练要素是极限下负荷和大负荷下的极限动作频率，相当极限能力的70%～90%力量。速度力量练习以无氧非乳酸供能为主，每次练习的持续时间不应超过15～20秒，每组练习重复10～16次，间歇40～90秒。进行大数量的重复练习，有利于激活ATP糖酵解的再合成。然而，在运动实践中，练习总数在50～70次，每次持续10～20秒，间歇30～60秒的练习也很常见。

为发展速度力量能力，人们在陆地训练采用各种各样的训练形式，其中包括采用杠铃、滑轮、摩擦离合器、弹簧、杠杆等器械和等动练习器上进行的各种练习。进行模仿划水动作练习时，运动员选用的重量应保证以每秒140～200度的角速度进行练习。

在水上发展速度力量能力时，可采用10～25米的配合游和分删游练习。进行这种游距的练习时，可采用增阻游，极限强度的戴划水板游，超极限速度在大于每秒1.9～2.0米以上的水槽游，其中水流流速在每秒1.9～2.0米以上。滑轮拉力游，以及25～50米比赛游的方式练习。采用重复和间歇法训练时，重复次数不宜过多，重复次数可在6～8次至12～16次之间。

游泳运动员训练实践中发展速度力量的另一种方法，是采用正向牵引装置的"超速"力量训练法。这种训练方法的实质在于进行牵引游的速度比比赛速度快10%～30%，并且与最大强度不牵引游相比，将迫使运动员以更快的频率、更大的力量进行练习。这种速度力量能力的发展，有利于快游技术风格的形成。进行这种练习的游距为

25~50米，重复次数10次以内，间歇2~4分钟。牵引游可与极限效率的非牵引游交替进行。

速度力量性训练有利于快肌纤维增粗，力量得以增加，但是其训练效果略逊于极限力量重复训练。在肌肉收缩强度增大的背景下，提高磷酸肌酸的反应速度和ATP糖酵解的再合成速度，有助于游速的提高。

4. 发展力量耐力的方法

采用具有糖酵解供能机制，以及在无氧—有氧、有氧—无氧供能机制性质的练习。发展力量耐力可进行间歇、重复间歇、重复、循环和比赛方式的训练，也可以采用100~400米的"超速"力量训练。

陆地发展力量耐力训练的组织形式是分站进行的循环训练。为发展力量耐力，运动员在训练中应采用极限力量50%~90%的重量，极限能力60%~90%的频率进行练习。

用超极限强度的重量，进行30秒至3~4分钟，每分钟40~60次的频率练习，有利于快速糖酵解肌纤维和快氧化糖酵解肌纤维参与工作，并有助于提高ATP糖酵解的再合成的强度和容量。

采用超极限强度的重量，进行2~10分钟，每分钟20~30次的练习，有助于快肌纤维参与工作，但是练习强度不高，肌纤维中乳酸浓度较低，原因在于，在这类练习中只能使快肌纤维部分得以氧化。

如果以极限力量40%~45%的重量，并用中等频率以每分钟练30~50次，每次练习3~10分钟，每组练习次数在120~150次以上时，主要由慢肌纤维参与工作。这种类型的训练可激活肌肉中的毛细血管网，增加慢肌纤维中的线粒体数量，并可提高无氧阈下的代谢水平。

二、模仿游泳划水动作的力量练习

（一）橡胶带拉力练习

即利用橡皮软管的弹力来增加负荷，增加划水动作中的肌肉耐力的训练。训练中模拟实际的划水动作,速度与比赛相同或更快。

1. 自由泳、蝶泳划臂

准备动作:将橡皮胶带系在横梁或挂钩上,站立,体前屈,两手前伸抓住橡皮胶带的两端。

动作要领:模仿自由泳或蝶泳的动作,两臂同时或者交替做划水动作。见图3—1所示。

3—1—1

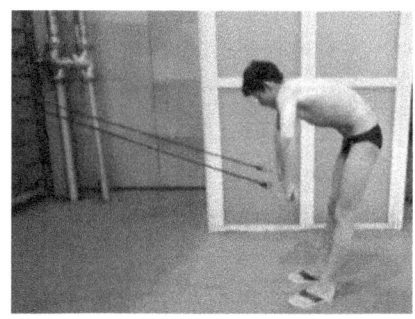
3—1—2

3—1—3

图3—1 自由泳、蝶泳划臂

训练提示:可以根据运动员的情况和橡皮的弹性选择预拉长的长度。每次练习4~6组,每组20~30次或者30~60秒。本练习也可以俯卧在拉力凳上进行。

2. 蛙泳划臂

准备动作:将橡皮胶带系在横梁或挂钩上,站立,体前屈,两手抓住橡皮胶带的两端。

动作要领：模仿蛙泳的动作，两臂同时做划水动作。见图3—2所示。

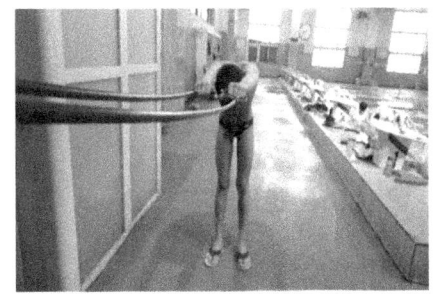
3—2—1

3—2—2

3—2—3

图3—2 蛙泳划臂

训练提示：可以根据运动员的情况和橡皮的弹性选择预拉长的长度。每次练习4~6组，每组20~30次或者30~60秒。本练习也可以俯卧在拉力凳上进行。

3. 仰泳划臂

准备动作：将橡皮胶带系在横梁或挂钩上，仰卧或者站立、两臂向上伸出，抓住橡皮胶带的两端。

动作要领：模仿仰泳的动作，两臂同时或者交替在身体侧面做划水动作。见图3—3所示。

 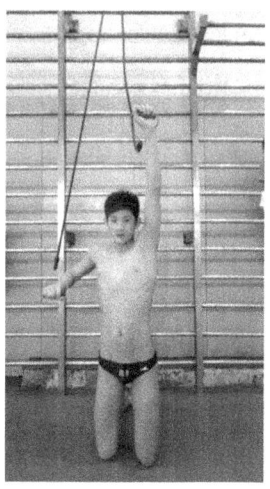

3—3—1　　　　　　　3—3—2

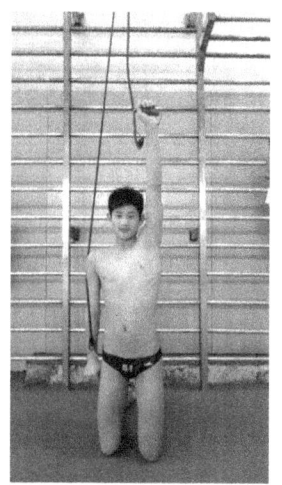

3—3—3

图 3—3　仰泳划臂

训练提示：可以根据运动员的情况和橡皮的弹性选择预拉长的长度。每次练习 4～6 组，每组 20～30 次或者 30～60 秒。此练习也可以运动员仰卧在拉力凳上进行。

4. 重点动作环节练习

准备动作：将橡皮胶带系在横梁或挂钩上，站立、体前屈，两手抓住橡皮胶带的两端。

动作要领：模仿抱水、推水等划水动作环节，做拉力练习。

训练提示：每次练习4~6组，每组20~30次或者30~60秒。此练习也可以运动员俯卧在拉力凳上进行。

（二）滑轮拉力练习

1. 自由泳、蝶泳划臂

准备动作：俯卧在拉力凳上，两手伸直抓住滑轮拉力的两端。

动作要领：模仿自由泳或蝶泳的动作，两臂同时或者交替做划水动作。

训练提示：可以根据训练的目标选择重量和练习的组数、间歇时间等等。

2. 蛙泳划臂

准备动作：俯卧在拉力凳上，两手伸直抓住滑轮拉力的两端。

动作要领：模仿蛙泳的动作，两臂同时做划水动作。

训练提示：可以根据训练的目标选择重量和练习的组数、间歇时间等等。

3. 仰泳划臂

准备动作：仰卧在拉力凳上，两手伸直抓住滑轮拉力的两端。

动作要领：模仿仰泳的动作，两臂同时做划水动作。

训练提示：可以根据训练的目标选择重量和练习的组数、间歇时间等等。

（三）等动拉力器练习

动作各阶段的阻力相等，也就是说，肌肉在做动作的全过程中都能以恒常的肌肉收缩速度维持运动。采用等动练习法训练，可以出现最大或接近于最大的用力。采用此种方法有可能使动作在整个运动范围内均以最佳的负荷投入工作，而这正是采用任何其他的负荷方法所不能达到的。

进行等动训练必须遵守以下准则：

(1) 训练频率为每周 2~4 次；

(2) 训练周期至少为 6 周或 6 周以上；

(3) 每次训练做 3 组，每组最大收缩次数为 8~15 次；

(4) 训练中尽可能结合专项技术特点，并尽可能使动作速度达到或超过专项技术动作中的速度。

第二节 柔韧素质储备

一、柔韧素质训练的基本原理与原则

柔韧素质是指人体关节活动幅度的大小以及跨过关节的肌肉、肌腱、韧带、皮肤以及其他组织的弹性和伸展能力。体育运动中的柔是指肌肉、韧带拉长的范围；韧是指肌肉韧带发挥的力量，控制关节至受损伤的最大活动幅度。柔与韧的结合就是柔韧，发挥的能力便是柔韧素质。从性能上看，柔韧在幅度中还含有速度和力量的因素，即在做大幅动作时，肌肉仍能快速有力地收缩。

柔韧素质包括两方面的含义：一是关节活动幅度的大小——主要取决于关节本身的装置结构。二是跨过关节本身的肌肉、肌腱、韧带等软组织的伸展性——主要是通过合理地训练获得。

静态柔韧性是关节及其周围肌肉在被动活动时的运动范围，就是说静态柔韧性是在外力的作用下拉伸的能力，不需要自身肌肉活动的参与。动态柔韧性是指运动活动过程中关节的运动范围，需要自身肌肉活动的参与。静态柔韧性大于动态柔韧性，因为从力学上讲，自身肌肉不易使关节韧带或肌腱得到充分拉伸。

（一）影响柔韧素质的因素

一个关节活动的程度或者叫作关节的活动范围由多种因素决定：结缔组织构造、肌体的活动状况、年龄、性别等等。每个关节由于解

剖结构不同、活动方式不同，其活动范围也是不同的。因而在运动训练中要时刻考虑到不同的专项运动对柔韧性的需求。有些因素，例如关节结构、年龄、性别，都不能通过训练来改变。有些训练，例如力量训练、拉伸训练等等，可以影响柔韧性。教练员在为运动员进行柔韧性练习时要考虑到运动员各方面的因素以及项目的要求。

1. 关节结构

关节结构决定其活动范围。球窝关节，例如髋关节和肩关节可以在任何解剖平面上活动，在所有关节中，它们的活动范围最大；手腕是椭圆关节，例如卵形关节头，椭圆形关节窝，只能在矢状面和形状上运动，其活动范围比髋关节和肩关节都小；膝关节是一种滑车关节，其活动范围较椭圆关节和球窝关节都小。关节的类型，关节面的形状以及关节周围的软组织等等，都会影响关节的活动范围。

2. 年龄和性别

一般来说年轻者较年长者的柔韧性好，女子较男子的柔韧性好。年轻男、女之间的差异，部分是由于解剖结构的不同以及所从事的活动不同造成的。年老者正经历着"纤维化"过程，在这个过程中退化的肌肉组织被纤维性结缔组织取代，导致柔韧性的下降。这个过程的发生可能是由于老年人运动减少，在运动中关节活动范围没有被充分利用所致。年长的人可以通过训练提高力量，同样，可以通过训练提高柔韧性。

3. 结缔组织

肌腱、韧带、筋膜、关节囊以及皮肤都可能限制关节活动范围。结缔组织的弹性（被动拉长后回到原来长度的能力）和牵张性（被动拉长的能力）也是影响关节活动范围的因素。在这些影响柔韧性的因素中，训练对结缔组织的牵张性影响最大。

关节活动范围可以通过拉伸练习得以提高，这种提高主要是通过结缔组织的适应性变化来实现的。

4. 力量训练的关节活动范围

良好、合理的力量训练可以提高柔韧性，但关节活动范围较小的力量训练却可以减小关节的活动范围。为了避免关节活动范围的减小，运动员在发展主动肌的同时，要发展拮抗肌，并且在练习中要让关节已有的活动范围都能得到训练。

5. 肌肉体积

肌肉体积增加可能会限制关节活动，从而影响关节的活动范围。具有较大的三角肌的游泳运动员，可能会影响做蝶泳或自由泳的移臂动作。教练应充分考虑项目特点，肌肉体积增大带来的好处往往大过它对关节活动范围限制造成的不利。

6. 拉伸的频率、持续时间和强度

有研究报道说每周进行2次拉伸训练，共持续5周，可以显著提高柔韧性。每周拉伸练习的次数因项目不同、所处的训练周期不同有所差异，但通常每次训练课之前都要有5~6分钟的一般准备活动和8~12分钟的专项拉伸活动，课后要有10分钟的拉伸活动。拉伸活动中要有中等程度的不适感，但不能有疼痛感，一次持续时间30秒为好。在拉伸过程中，神经和血管的结构被拉伸，运动员应该注意有无麻木感和放射性疼痛。

（二）柔韧素质训练的作用

肌肉和关节的柔韧性是影响运动员运动能力的重要因素。良好的柔韧性可以增加关节运动的幅度进而提高运动水平，也可通过减少肌肉、骨骼系统的损伤来提高运动水平。

拉伸还对不明原因引起的疲劳、倦怠、头痛、肩部僵硬以及关节炎、高血压、神经痛等慢性疾病的改善有一定作用。在采用伸拉方法治疗慢性疾病时，最好事先与相关的医生交流之后再进行，因为如果方法不当，不但达不到治疗的目的，相反可能会使之加重。

训练比赛后进行伸拉不仅能够促进肌肉内部的血液循环及淋巴的

流动,对乳酸等代谢产物的清除、促进疲劳的恢复有一定的作用,而且还可以增加肌肉的弹性,扩大关节的活动范围,对运动伤病的预防有一定的作用。另外,通过缓慢地伸拉肌肉还可以抑制交感神经的兴奋性,起到心情平和的作用。

(三) 柔韧素质训练的内容

1. 基本方法

柔韧素质训练的基本方法是拉伸法。拉伸法可分为静力拉伸和动力拉伸法两种:静力拉伸法多指通过缓慢的动力拉伸,将肌肉、肌腱、韧带等软组织拉长。当拉长到一定程度时保持静止不动,使这些软组织受到拉长的持续刺激;动力拉伸法是指有节奏地通过多次重复某一拉压动作练习,使肌肉、肌腱、韧带等软组织逐渐地被拉长。

(1) 静力拉伸法

缓慢、均匀地保持拉伸动作30秒就是静态拉伸。静力拉伸同时包括被拉伸肌肉的放松和拉长两个过程。因为静力拉伸是缓慢进行的,不会引起被拉伸肌肉的牵拉反射,因而引起损伤的可能性比动力拉伸要小。另外,静力拉伸容易掌握,而且对于改善关节活动范围效果显著。虽然静力拉伸有时也会因牵拉强度过大而引起损伤,但如果技术掌握正确,静力拉伸没有明显缺陷。静力拉伸对于所有项目的运动员来说,都是一种良好的发展柔韧性的手段。

静力拉伸举例:运动员用静态拉伸进行坐位体前屈摸脚趾。运动员双膝伸直坐在地板上,双脚并拢,上体直立与腿垂直。运动员屈髋慢速向前移动上体,手指缓慢地摸向脚趾。运动员通过逐步地向前靠上体,增加拉伸的张力,直到大腿后群肌或腰部肌肉感到一定程度的不适为止。保持这种状态30秒钟。因为这个动作是缓慢进行的,而且是在拉伸的位置保持不动30秒,因而叫作静力拉伸。

(2) 动力拉伸法

在专项运动中拉伸的形式就是动力拉伸。动力拉伸过程中动作速度快,而且动作形式接近或模仿专项动作。从某种意义上讲,动力拉伸与专项准备活动类似,能帮助运动员在赛前作好专项柔韧性的准备。

2. 拉伸的主要方式

在动力拉伸法和静力拉伸法使用过程中均有主动练习和被动练习两种不同的训练方式。主动练习是指运动员依靠自己的力量将肌肉、肌腱、韧带等软组织拉长;被动练习是指运动员在外力帮助下使肌肉、肌腱、韧带等软组织得到拉长。

在柔韧素质训练中,当运动员处于被动练习时,因其强度大于主动练习,软组织被拉长的长度超过主动练习时长度。被动练习与主动练习肌肉、肌腱、韧带等软组织被拉长的程度相差越大,说明该运动员柔韧性的潜力越大。训练过程中通常是把动力拉伸法和静力拉伸法、主动练习法和被动练习法结合起来,做到拉伸练习有动有静、动静结合,有主动也有被动、主被动配合。

在做拉伸运动时,还要考虑两种本体感受器的功能,这两种本体感受器就是肌梭和腱梭。肌梭感受器位于梭内肌纤维,梭内肌纤维与梭外肌纤维平行排列,肌梭感受器的主要功能是感受肌肉长度的变化。在快速拉伸中,肌梭的感觉是神经将冲动传递给脊髓的运动神经元,运动神经元使被拉伸的肌肉产生收缩,这叫牵拉反射。在拉伸练习中,应该避免刺激肌梭,以免引起牵拉反射,限制肌肉的拉长。如果避免刺激肌梭,肌肉会更加放松,便于拉伸。在静力拉伸中,由于拉伸动作缓慢,不会引起牵拉反射。而快速拉伸就是动力拉伸和加速拉伸,能够刺激肌梭,引起牵拉反射;腱梭是位于肌腹和肌腱交界处的机械感受器,对于肌肉张力的增加非常敏感。当受到刺激时,可引起肌肉反射性地放松。张力增加引起的这种肌肉放松叫作自发抑制。在被动拉伸之前主动地收缩肌肉可引起自发抑制的产生。肌肉收缩过程产生张力,刺激腱梭,引起肌肉在随后的被动拉伸中反射性放松。由于肌肉张力升高而引起的与其相拮抗的肌肉的放松作用叫作交互抑制。在拉伸一块肌肉时，主动地收缩其拮抗肌可产生这种交互抑制作用，有助于拉伸幅度的增加。拮抗肌的收缩使腱梭受到刺激，同时引起被拉伸肌肉的反射性放松。

3. 拉伸的时机

（1）练习和比赛之前

在比赛前的拉伸能够增加关节活动范围和改善功能能力。如能在热身之后再做拉伸运动更为理想。通过拉伸可以增加肌肉和肌腱弹性，从而减小肌肉损伤，特别是能减少肌肉拉伤发生的可能性。

（2）练习和比赛之后

运动使肌肉温度升高，在运动后的拉伸能够改善关节活动范围。运动后的拉伸应在运动停止后5~10分钟内进行。体温的增加可以提高肌肉和肌腱中胶原纤维的弹性，使拉伸幅度增大。运动后拉伸还可缓解肌肉酸痛。

4. 拉伸时注意的问题

（1）不要屏气：屏气时会给肌肉施加力，一旦加力肌肉就难以伸拉，因此，在伸拉时要一边呼吸一边进行伸拉，最好采用腹式呼吸，因为腹式呼吸，可以抑制交感神经的兴奋性，达到平和心情的作用。

（2）不要反振：人体存在牵张反射，过于强烈反振也会引起牵张反射，不但达不到伸拉的目的，相反还会引起肌肉的收缩。

（3）适可而止：感觉疼痛时停止伸拉。过强的伸展并感觉疼痛时可引起炎症，其中一个最明显的例子就是"落枕"，由于睡眠时颈部肌肉处于同一状态伸拉持续时间较长，被伸拉的肌肉产生了炎症。

（4）伸拉要有目的性：进行伸拉时一定要有目的性，没有目的就不要伸拉。

（5）要明确自身关节的活动范围，把握自身的状态，确定安全的角度，因为不同的人肌肉的硬度和关节活动范围存在差异，不能一概而论。

(四) 柔韧素质训练的基本原则

1. 根据自身水平进行练习

在进行柔韧性练习时,应根据自己的柔韧性水平进行,不要用力强行伸展关节,这样做容易造成受伤。

2. 采用正确的拉伸姿势和方法

在进行拉伸练习时,一定要确保采用正确的姿势和方法,这样可以保证练习的效果,同时也保证运动员不受伤。例如:在练习时应边呼吸边缓慢进行;伸展时,注意力要集中在肌肉上;应避免脊柱部位的复合运动,例如伸展同时侧屈;起稳定作用的肌肉要充分动员,以保护其他关节,同时避免错误动作。

3. 练习的强度要适宜

进行伸展练习时的强度应以感到紧张但心情舒畅为宜。强行伸展、时间保持过长都会适得其反。进行拉伸练习,应该持续30秒左右;在拉伸关节时,要将关节运动到活动范围的边缘,在拉伸活动范围特别大的关节时要格外小心;如果在拉伸中运动员感到疼痛、放射症状、麻木,应减小拉伸强度;单侧的拉伸动作不应该只在单侧进行,而应该在两侧都做。

二、游泳运动员不同部位关节和肌肉拉伸练习

(一) 颈部拉伸

1. 向左看、向右看

(1) 站或坐,头颈直立;

(2) 中等用力向心收缩,使头转向右侧;

(3) 中等用力向心收缩,使头转向左侧;

(4) 每次拉伸30秒,每侧进行4~5组。

拉伸的肌肉:胸锁乳突肌。

2. 颈部屈伸

(1) 站立或坐着,头颈直立,屈颈,下巴向胸靠拢;

(2) 如果下巴触到了胸，就尽量向下触；

(3) 伸颈，头尽量向背靠拢；

(4) 每次拉伸 30 秒，每侧进行 4～5 组。

拉伸的肌肉：胸锁乳突肌、枕骨下肌、颈夹肌。

3. 颈后部肌肉

(1) 被拉伸一侧的手放在背后，头向相反一侧转动 45 度；

(2) 另一侧手放在头后，向 45 度方向拉伸；

(3) 注意转动 45 度是非常重要的。每次拉伸 30 秒，每侧进行 4～5 组。

拉伸的肌肉：胸锁乳突肌。

4. 颈侧部肌肉

(1) 被拉伸一侧的手放在背后，另一侧手放在头侧；

(2) 手向侧拉伸，拉伸到一定幅度时，静止 30 秒，反复进行 3 次；

拉伸的肌肉：颈夹肌。

5. 颈前部肌肉

(1) 头向被拉伸一侧的相反方向转动 45 度；

(2) 将转动一侧手的大拇指放在下颌处，一边向斜后方转头一边大拇指用力向上推下颌；

(3) 拉伸到一定幅度时，静止 30 秒，反复进行 3 次。

拉伸的肌肉：颈夹肌。

(二) 肩关节拉伸

1. 屈曲与伸展

(1) 坐在椅子上两臂自然下垂置于两侧；

(2) 屈曲时，两臂上举 180 度；伸展时，两臂后引 50 度；

(3) 每次进行 4～6 组。

2. 内旋与外旋

(1) 屈肘前臂与上臂成直角，手心向上，肘部紧贴身体不要离开；

(2)内旋时两前臂内收80度,前臂略向下交叉;

(3)外旋时两前臂外展60度,前臂与上臂成直角,手心向上;

(4)每次进行4~6组。

3. 内收与外展

(1)两臂自然下垂置于两侧;

(2)内收时以肩部为轴,一侧手臂向内收75度;

(3)外展时一侧手臂沿水平轴上举180度;

(4)每次进行4~6组。

4. 前后回环

(1)两臂自然下垂置于两侧;

(2)前回环时一侧手臂从体前向上沿矢状轴环绕一周;

(3)后回环时一侧手臂从体后向上沿矢状轴环绕一周;

(4)每次进行4~6组。

5. 收与伸

(1)两臂前平举两手心相对;

(2)屈曲时,两前臂向前伸,肩部向前向外;

(3)伸展时,两前臂向后收,肩部向后向内;

(4)每次进行4~6组。

(三)胸部和肩部拉伸

1. 背后直臂上拉

(1)站立,两臂置于背后,双手手指交叉合掌,充分伸直肘关节;

(2)保持肘关节伸直,缓慢向上抬臂;

(3)保持头部正直,颈部放松。拉伸到一定幅度后静止30~40秒;

(4)每次进行3~4组。

拉伸的肌肉:三角肌前部、胸大肌。

2. 坐位后仰

(1) 双腿伸直坐立，双臂向背后伸展，手掌于臀后30厘米撑地；

(2) 手指指向后方；

(3) 手向后滑，上体向后倾。拉伸到一定幅度后静止30秒；

(4) 每次进行3~4组。

拉伸的肌肉：三角肌前部、胸大肌。

3. 肩部外侧肌群

(1) 双手放在背后，一侧手抓住被拉伸一侧的手腕；

(2) 加力向外伸拉，拉伸到一定幅度后静止30秒；

(3) 注意拉伸时肩不要用力，身体保持放松状态。

(4) 每侧进行2~3组。

(5) 拉伸的肌肉：三角肌。

4. 肩部后侧肌群

(1) 采用站立或跪姿，被拉伸一侧的手臂前伸与肩同高，另一侧手臂在被拉伸手臂的肘关节下方拖住；

(2) 前臂弯曲夹住拉伸的手臂，加力向外向内拉伸；拉伸到一定幅度后静止30秒，每侧进行2~3组；

(3) 注意伸拉时，被拉伸手臂的肘关节不要屈曲，并且肩要保持放松状态。

拉伸的肌肉：三角肌、肱三头肌。

5. 胸部肌群

(1) 首先进行伸拉一侧的手和前臂贴在墙上，上臂与肩同高，同侧腿在前，重心放在前腿上；

(2) 旋转上体拉伸胸部肌群，每次拉伸到一定幅度后静止30秒，每侧进行2~3组；

(3) 注意伸拉时身体不要成反弓姿势，不要从腰部转动，后脚足尖不要外展。

拉伸的肌肉：胸大肌、肱二头肌。

（四）上臂拉伸

1. 肱二头肌拉伸

（1）同拉伸胸部肌群一样，进行伸拉一侧的手扶在墙上或柱子上，手臂与肩同高，同侧腿在前重心放在前腿上；

（2）旋转身体拉伸肱二头肌，每次拉伸20～30秒，每侧进行2～3组；

（3）注意伸拉时身体不要成反弓姿势。

拉伸的肌肉：肱二头肌。

2. 颈后拉伸

（1）站立或坐直，右臂外展，屈肘，

（2）右手摸左肩胛，左手抓住右肘；

（3）左手拉右肘，使右肩外展幅度加大，

（3）拉伸的幅度以感到疼痛为宜，每次拉伸20～30秒，每侧进行2～3组；

拉伸的肌肉：肱三头肌、背阔肌。

（五）背部拉伸

1. 胸前横臂

（1）站立或坐直，左肘微屈15～30度，横于胸前，肩水平内收；

（2）右手置于左上臂后面，抓住肘关节上方，用右臂向右拉左臂；

（3）每次拉伸20～30秒，每侧进行2～3组。

拉伸的肌肉：背阔肌、大圆肌。

2. 双臂上举

（1）双手置于体前站立，双手手指交叉，手心相背朝外；

（2）双臂向头顶上方慢慢伸直，掌心向上；

（3）双手、双臂继续伸直，在头顶上方向上顶起；

（4）在继续向上顶起的同时，双手略微向后倾；

（5）每次拉伸30~40秒，进行2~3组。

拉伸的肌肉：背阔肌。

（六）腰部拉伸

1. 扭转脊柱

（1）双腿伸直，上体垂直坐立，将右脚放在左膝的左侧；

（2）将左肘的后部置于右膝的右侧，此时右膝处于屈曲状；

（3）右手掌撑地，置于臀后30~40厘米处；

（4）左肘发力推动右膝向左，同时尽力向右转肩转头，尽量向背后看；

（5）每次拉伸到一定幅度后静止30秒，每侧进行2~3组。

拉伸的肌肉：腹外斜肌、腹内斜肌、梨状肌、脊柱直立肌群。

2. 屈膝跨坐

（1）腿部放松坐立，屈膝30~50度；

（2）膝头朝外，膝侧尽量触地；

（3）身体自腰部向前靠，双手伸直向前够；

（4）注意膝要屈，腿放松，以便减少大腿后部的张力，增加对腿部的拉伸；

（5）每次拉伸到一定幅度后静止30秒，每侧进行2~3组。

拉伸的肌肉：大腿后部肌群、腹直肌。

（七）躯干拉伸

1. 前屈与后屈

（1）两腿伸直分开，与肩同宽；

（2）两手伸直，身体前倾，使背部充分拉伸；

（3）前屈时两手向下触及地面；

（4）后屈时上体向后伸展；

（5）每次尽量拉伸到最大幅度，每次进行4~6组。

拉伸的肌肉：骶棘肌、腹直肌。

2. 直臂向上侧屈

(1) 两脚平行分开 40 厘米站立；

(2) 掌心向外，交叉两手手指；向上伸直双臂；

(3) 保持直臂，身体（腰）向右侧屈，膝关节要伸直；

(4) 然后，身体恢复后，再向左侧屈；

(5) 每次尽量拉伸到最大幅度，每次进行 4～6 组。

拉伸的肌肉：腹外斜肌、背阔肌、前锯肌。

3. 直臂水平体侧屈

(1) 两腿伸直分开，与肩同宽；

(2) 两臂侧平举，手臂保持水平，身体向左侧屈，膝关节要伸直；

(3) 然后，身体恢复后，再向右侧屈；

(4) 每次尽量拉伸到最大幅度，每次进行 4～6 组。

拉伸的肌肉：腹外斜肌、背阔肌、前锯肌。

4. 颈后屈臂体侧屈

(1) 两脚平行分开 40 厘米站立；

(2) 右肘屈，举过头顶；

(3) 右手向下够摸左肩，左手抓住右肘；

(4) 在头后拉右肘，保持臂屈，向左屈体（腰部），不要屈膝；

(5) 每次尽量拉伸到最大幅度，每次进行 4～6 组。

拉伸的肌肉：腹外斜肌、背阔肌、前锯肌、肱三头肌。

5. 胸前抱臂躯干回旋

(1) 两腿伸直分开，与肩同宽；

(2) 两臂交叉抱在胸前，身体按照顺时针或逆时针方向做回旋运动；

(3) 每次尽量拉伸到最大幅度，每次进行 4～6 组。

拉伸的肌肉：腹外斜肌、背阔肌、前锯肌。

（八）大腿拉伸

1. 侧卧拉伸股四头肌

（1）向左侧卧，两腿伸直，左前臂、手放在地板上支撑，大臂与地面垂直，左前臂与躯干成45度角；

（2）弯曲右腿，脚跟靠向臀部；

（3）右手抓住右踝前面，拉向臀部；

（4）每次拉伸到一定幅度后，静止30秒，每侧进行2~3组；

拉伸的肌肉：股四头肌和髂腰肌。

2. 股四头肌

（1）拉伸时被拉伸同侧手扶地支撑，另一侧手抓住被拉伸腿的足尖；

（2）用力将小腿拉向大腿。

（3）每次拉伸到一定幅度后，静止30秒，每侧进行2~3组；

（4）拉伸时注意膝关节不要超过足尖，腰不要反弓，如果膝关节超过足尖势必造成腰部反弓容易引起腰痛。

拉伸的肌肉：股四头肌。

3. 坐立摸脚趾尖

（1）上体垂直坐立，腿伸直；

（2）屈髋前倾身体，两手抓脚尖，轻轻地将脚尖往胸前拉动，同时胸部向腿靠拢。

（3）如果够不着脚尖，就抓住脚踝。

（4）每次拉伸到一定幅度后，静止30秒，每侧进行2~3组。

拉伸的肌肉：大腿后群肌、脊柱直立肌群、腓肠肌。

4. 单腿跨坐

（1）上身垂直坐立，腿伸直；

（2）左脚脚底置于右膝内侧，左腿外侧触及地板或朝向地板；

（3）屈髋身体向前，右手抓足尖，慢慢向胸前拉，同时胸向右腿靠。

（4）每次拉伸到一定幅度后静止30秒，每侧进行2～3组。

拉伸的肌肉：大腿后群肌、脊柱直立肌群、腓肠肌。

5. 大腿内收肌群

（1）拉伸一侧的大腿向外斜开45度角方向上将腿伸直，足尖勾起使足与小腿成直角，另一侧腿向内屈曲。

（2）拉伸时双手前伸，上身向前向地面靠近；

（3）当拉伸到一定幅度时，静止20～30秒，每侧做2～3组。

拉伸的肌肉：缝匠肌、股内肌。

6. 大腿后侧肌群

方法一：

（1）拉伸一侧的大腿放在高台上；

（2）双手前伸身体前压，当拉伸到一定幅度时静止20～30秒，每侧做2组。

拉伸的肌肉：股二头肌、臀大肌。

方法二：

（1）被拉伸一侧大腿支撑，膝关节伸直，另一侧腿放在被拉伸腿的前面；

（2）拉伸时身体前倾，双手伸向地面，拉伸到一定幅度时，静止20～30秒，每侧做2组；

（3）肌肉僵硬的运动员，手难以接触到地面，不要勉强，应在自己肌肉弹性的范围内进行。

拉伸的肌肉：大腿后部肌群。

7. 大腿外侧肌群

（1）被拉伸一侧大腿向斜后方伸出，小腿与足的外侧面着地，另一侧大腿前弓步膝关节屈曲，双手扶地支撑；

（2）伸拉时身体重心向被伸拉腿的一侧倾斜；

(3) 当拉伸到一定幅度时，保持静止状态 20～30 秒，每侧做 2～3 组。

拉伸的肌肉：股外肌。

(九) 髋关节及周围拉伸

1. 前弓步（击剑步）

(1) 站立，右腿向前跨一大步，屈膝直到膝关节与踝关节垂直，右腿平稳支撑，全脚掌着地，后腿伸直；

(2) 后脚与前脚保持相同方向，后脚脚跟可以离地，腰背直立，双手放松置于髋上或前腿；

(3) 缓慢向前、向下移动髋关节；

(4) 当拉伸到一定幅度时，保持静止状态 20～30 秒，每侧做 2～3 组。

拉伸的肌肉：股直肌、髂腰肌。

2. 仰卧屈膝

(1) 仰卧，两腿平伸，右膝、右髋屈，大腿向胸靠；

(2) 两手置右大腿后，将大腿拉向胸部；

(3) 当拉伸到一定幅度时，保持静止状态 20～30 秒，每侧做 2～3 组。

拉伸的肌肉：髋关节伸肌、臀大肌、大腿后群肌。

3. 俯卧伸展

(1) 俯卧在地板或垫子上，腿伸直；

(2) 一腿伸直向后抬起 50 度，交替进行。

(3) 当拉伸到一定幅度时，保持静止状态 10～20 秒，每侧做 2～3 组。

拉伸的肌肉：臀大肌、股四头肌。

4. 内收与外展

(1) 采用站立姿势，两腿伸直；

（2）内收20度，向外展45度；

（3）每次进行6~8组。

拉伸的肌肉：股外肌、股内肌、耻骨肌、缝匠肌。

5. 内旋与外旋

（1）采用站立姿势，大腿抬起膝关节屈曲；

（2）小腿向外旋45度，向内旋45度；

（3）每次进行6~8组。

拉伸的肌肉：缝匠肌、耻骨肌。

6. 跨坐

（1）上体垂直坐立，两腿伸直并外展，尽量分开双腿；

（2）双手抓住右脚脚尖，轻轻向回拉，同时胸部向右腿靠；

（3）右手抓住右脚脚尖，左手抓左脚脚尖，身体向地面靠拢。

拉伸的肌肉：大腿后肌群、髋内收肌、缝匠肌、脊柱直立肌群、腓肠肌。

7. 蝴蝶

（1）上体垂直坐立，双腿伸直，屈膝，双脚脚底合拢。将双脚向身体方向拉动，双手放在双脚上，双肘置于腿上；

（2）双肘向下推，身体向前倾，使髋外展；

（3）当拉伸到一定幅度时，静止20~30秒，每侧做1~3组。

拉伸的肌肉：髋内收肌、缝匠肌。

（十）臀部肌群

（1）被拉伸一侧大腿前伸，膝关节内收，小腿与足的外侧面着地，另一侧大腿侧放膝关节屈曲；

（2）大腿、小腿、足的内侧面着地，双手扶地支撑；

（3）伸拉时身体重心向前倾斜；

（4）当拉伸到一定幅度时，静止20~30秒，每侧做1~3组。

拉伸的肌肉：臀大肌、腹外斜肌。

(十一) 小腿拉伸

1. 弓步顶墙

（1） 面墙站立，双脚与肩同宽，脚尖距墙30厘米。前倾身体双手扶墙。拉伸腿后跨约60厘米，另一腿屈膝；

（2） 拉伸腿伸直膝关节，后跟下压，进行拉伸；

（3） 当拉伸到一定幅度时，静止30~40秒，每侧做3~4组。

拉伸的肌肉：腓肠肌、比目鱼肌、跟腱。

2. 台阶拉伸

（1） 一脚的前脚掌置于台阶的边缘，另一脚平踏在台阶上；

（2） 保持腿伸直，尽量降低后腿的后跟；

（3） 当拉伸到一定幅度时，静止20~30秒，每侧做2~3组；

（4） 如果要拉伸跟腱，在做同样动作时保持膝关节屈曲10度。

拉伸的肌肉：腓肠肌、比目鱼肌、跟腱。

(十二) 踝关节拉伸

（1） 将被拉伸一侧脚放在另一条腿上，手握住脚趾，拇指顶住脚心；

（2） 用力使脚趾弯曲，拉伸踝腕部肌肉，拉伸到一定幅度时，静止10~20秒，反复进行2~3次。

第三节　协调素质储备

协调能力并非是一种单纯的运动素质，它与运动员肌体各器官系统的功能、各运动素质、心理品质和个性特征，以及技能储备等联系密切，是各种能力的综合表现。协调能力是运动技能的基础能力，协调能力不好的运动员是很难达到较高的运动技术水平的。

一、协调能力概述

协调能力是指运动员在运动中,身体各器官系统、各运动部位配合一致完成动作的本领。协调能力是运动员形成与掌握运动技术的重要基础,它反映着运动员快速、准确、有效地完成各种难度动作,并符合特定训练目标的能力。

应当把协调能力理解为:第一,合理地建立完整运动动作的能力;第二,改造已形成的动作形式或根据不断变化的条件,从一些动作转入另一些动作的能力。这些能力在较大程度上是类同的,但也具有本身的特征。例如,一个体操运动员,他能胜任学习新的复杂的全套动作,但一旦突然改变了完成的条件,就无法高质量地展示它。具有良好协调能力的运动员不仅能完美地发挥出技能,而且能对训练和比赛中出现的问题做出迅速反应,并及时地加以解决。

在生理学阐述协调能力本质的时候,主要作用归于中枢神经系统的协调功能及其他的特性,巴甫洛夫将其称作可塑性。毫无疑问,高质量地协调动作的可能性,本质上取决于分析器功能的完善,特别是本体感受器,这已得到了一些实验的部分证明。运动技术的形成是条件反射的建立与巩固。协调能力强就能合理运用已掌握的各种技能储备,使大脑皮层的暂时性神经联系较快地建立起来,加快对新技术的掌握。

从运动学上看,运动技术的形成是运动员按照动作的空间、时间、节奏等要素进行练习的结果。协调能力好就能在训练中把握动作的要素与特征,并使之配合得当,从而更快地掌握新技术。具有决定性意义的是已有的掌握和改造动作的经验。原则上,运动员掌握的运动技能储备越丰富,那么,他拥有掌握新动作和必要情况下改造它们的可能性就越大。

为了评价协调能力,在某种程度上可以根据:用于掌握新的或改造已形成的运动动作形式的时间,在这种情况下达到的动作准确性指标，包括时间方面、空间方面、用力程度方面，以及用于评定运动技术完善程度的一般标准。

培养运动员协调能力方面的"一般任务"在于根据竞技专项的要求，优化发展这些能力的过程。局部性的，并在某种程度上共同的任务是：系统地更新运动员的运动经验（他已掌握的技能储备）、完善动作分析器的功能和在一定的时空条件下适宜调节肌肉紧张的能力。这些任务是在运动员的一般和专项身体训练、技术训练和战术训练过程中解决的，所有这些综合起来也保障了多方面地发展协调能力。这些协调能力的发展程度取决于竞技专项的特点。

协调能力可分为一般协调能力和专项协调能力。一般协调能力支配着各种运动技能的形成和发展，是专项协调能力的基础。专项协调能力反映了运动员迅速、省力、准确、流畅地完成专项运动各种动作的能力，包括各专项运动特殊要求的协调性等等。

影响协调能力的因素主要包括：遗传、中枢神经系统及感觉器官的灵活性与准确性、其他运动素质的发展水平、运动技能储备量和运动员个性心理特征等等。协调能力与神经系统的功能水平关系极大，而神经系统功能主要受遗传所决定。动作速度、力量、灵活性、柔韧性等运动素质对协调能力影响较大，协调能力的发展在某种程度上依赖于这些运动素质的发展与提高。运动技能是条件反射的建立，运动员技能储备数量越多，就越能顺利地建立新的条件反射，掌握新的技术动作，表现出良好的协调能力。协调能力还与运动员的注意力集中、思维敏捷、意志顽强等心理品质有关系。所以，运动员的心理品质和个性心理特征等等，也会影响其协调能力的发展和提高。

二、协调能力训练的基本原则

（一）协调能力训练多样化

协调能力训练的手段多种多样，如新的各种身体练习、改变固有习惯的动作速度及节奏或时空范围、创造性地改变完成动作的方式和利用各种复杂条件练习等等,都可作为协调能力的训练方法。作为运动员协调能力的手段,原则上可以利用一般训练和专项训练手段作为练习,来克服协调困难。随着练习被逐渐习惯,对此典型的动作协调形式就越来越巩固,于是它不再对协调能力产生有效的作用。为了保持这一方面的训练效果,应当改变练习,或者使用新的练习。新颖性、不寻常性及其由此决定的协调难度——是为培养协调能力选择运动作业的决定性标准。为这一目的而使用的手段(练习)应当具有多变的特点,意思是在竞技完善过程中必需不断地更新它们。掌握新的练习,运动员不仅在数量上充实了自己的运动经验,而且,按照奥尔贝尔的说法,"训练了自己的可练能力",即形成新的动作协调形式的能力。这是培养协调能力的主导方向,尤其在竞技完善的开始阶段中。

(二)与素质训练结合

协调能力能将运动素质通过合理的技术动作充分发挥出来,并转化为运动成绩,因此应把协调能力的训练与力量、柔韧性训练有机结合。因为更新竞技专项中动作协调形式的可能性程度,取决于该项目的技术和战术的多样化程度,所以专项技术和战术的运动成分越是丰富,那么在培养运动员协调能力方面,竞技专项手段,包括比赛练习和专项训练练习起的作用就越大。要是竞技专项的特点是相对狭窄和标准的动作结构,如跑、投等等,那么,充实运动技能储备的主要手段可能就是竞技—辅助性体操练习包括技巧练习、活动性球类项目,以及与专项相近的其他项目。在这一方面,有效的可能不仅是在协调方面与竞技专项相近的练习,而且是本质上不同协调结构的练习。后者有时候在培养协调能力方面起了特别重要的作用。在这种情况下,技能掌握不是为了它们本身,而是为了在形成新的动作协调形式和与已掌握的协调形式相互作用的过程中获得发展效应。在掌握这些动作协调形式方面进行训练,运动员从而锻炼了自己的协调能力,从而提高了可练能力总的水平。

(三) 在专项技术训练中发展协调能力

特别是要在专项技术训练中发展运动员的协调能力。专项技术动作过程中的协调能力具有正确性、快速性、合理性、应变性及和谐性等多种特征，这些特征的表现与技术、战术动作的性质关系密切，所以对进入专项训练阶段的运动员进行协调能力的练习时，应当根据专项的需要，有重点地发展具有项目特点的协调能力。此时，协调能力的培养多与专项技术训练结合进行，使协调能力的发展满足提高专项运动成绩的要求。但对初级训练阶段的少儿运动员则应全面地培养他们的各种协调能力，为将来的发展打下良好的基础。但是，也应注意到，经常是努力在已习惯练习的狭小圈子的基础上不断地进行训练。由此，不断被巩固的定型技能，违背愿望地转为难以克服的"协调障碍"，它限制了竞技完善的前景。

从另一方面，不管竞技专项的规律性，过分扩展训练手段的不适宜性也是显而易见的。在每一个训练阶段中，在使用固有习惯的和新的训练手段方面必须遵守一定的比例。众所周知，随着一个个阶段的推进，增加了用于专项练习中完善的时间，越来越难分出时间用于掌握辅助性练习。正因为如此，随着竞技专项化的深入，在完善固有习惯的行动时，引入不寻常性的因素，以保障对动作协调性不断提高的要求，就成为培养协调能力主导性的方法。

(四) 在较好的身体状态下进行训练

协调性练习要求高度集中注意力、精细的分化和调节较大的意志集中。可以想一下，形成新的动作协调形式，以及改造已巩固的协调联系，对于神经系统来说是极为困难的任务。所以，最好是在训练课基本部分开始时完成这一任务，这时还保持着最佳的心理工作能力和一般工作能力。这些练习中的负荷总量，也就是总的练习次数和重复次数通常不是很大，经常总共才一至两种练习，每一种做若干个重复。实际上限制它的不仅是协调难度的水平，同时，也是练习时的总能耗。

在完成协调困难的运动时,任务的各次重复之间,必须要有休息间歇时间,在很大程度上取决于运动技能的稳定化程度、被完成练习的力量、速度和其他特征,同时,也取决于总的负荷值。所以,在不同的条件下,具体的休息间歇时间可能有较大的差别。从一般角度,合理的规则是:重复间的休息应当不少于防止由疲劳引起的协调破坏所必需的时间。要是在重复过程中出现了这种破坏的趋势,就应当增加休息时间,或者转入使用不要求新的复杂协调任务的练习。

但这并不是说,完全不应当在疲劳背景下完善动作协调性。有非常充分的证据倾向于,在某些情况下疲劳也可能对动作协调产生积极的影响,如 B. 米哈依洛夫、卡留斯托等等。在长时间肌肉工作过程中,在疲劳下客观上出现依靠去除无效的消耗,以便更节省化地利用能量的必要性。这一节省化原则上可以在不降低外部工作效率的情况下达到。例如,根据研究事实,随着疲劳,长跑运动员途中能耗可能降低 5%~6%,而不降低移动速度,这可能是由于消除了多余的动作、紧张或其他协调不完善。这样一来,疲劳似乎迫使寻找更完善的动作协调形式,使得运动器官的功能与植物性系统的功能保持一致。当然,这里不是指破坏协调性的、极限性的疲劳程度。当新的运动技能刚形成,特别是指复杂协调动作时,疲劳就不是促进因素了。

三、协调能力训练方法和手段的特点

在大多数情况下,发展协调能力的方法可具体分解为三种处理办法:第一,按严格的规定改变固有习惯的运动行动的某些特点或整个形式,增加动作协调的难度;第二,在不习惯的组合中完成固有习惯的动作;第三,使用不同的外部条件,迫使改变固有习惯的动作协调形式。每一个处理办法都可以通过许多局部性的方法来实现。

(一)克服不合理肌肉紧张的方法

与肌肉的多余紧张作斗争的问题经常与完善动作协调性的任务联系在一起。除了表现在收缩后未充分放松肌肉或较慢转入放松时的所谓"协调紧张"以外,经常有多余的肌肉紧张,在非工作状态下也保持着高度肌肉强直。众所周知,这些紧张形式对竞技运动动作总的结果产生了消极性影响,因为它们阻碍了形成完善的动作技术、由于对抗肌的制动性紧张,阻碍完善时带有必要的力量和速度,并且由于多余消耗能量,导致疲劳提前出现。

培养肌肉紧张和将肌肉的极限性紧张与深刻的放松结合起来的能力,是一个长时间的过程,是运动员长期训练的一个方面,特别紧密地与培养协调能力和运动技术完善联系在一起。

为了要从肌肉"强直"中解放出来,首先需要形成和经常保持合理放松的定向。对此,除了通常的解释和提醒的方法以外,可以利用意念练习方法、"自生训练"方法和建立外部的条件,经常提醒必须坚持掌握"放松的艺术"作为克服肌肉紧张的主要实践手段,使用了相应针对性的身体练习,即"放松练习"。经过系统的放松练习,运动员随意放松肌肉的程度会出现较大的改变。

1. 协调性紧张

通常最明显地表现在形成运动技能的开始阶段中。自然的,动作一开始的僵硬是可以在合理教学过程中加以克服的,协调能力发展程度越高,克服得就越快。

但是协调性紧张也出现在完成固有习惯的运动行动时,这往往是由于疲劳、由心理紧张所建立的应激条件,例如,重大比赛的条件和肌肉随意放松能力的不完善所引起的。克服或降低由这些原因所引起的紧张的途径,当然是不一样的。在一些情况下,培养克服干扰协调性的稳定能力(某种"协调耐力")会起决定性作用;而另一种情况下,则是提高对抗应激条件的心理稳定性。完善适宜调节肌肉紧张能力的基本途径是在训练中系统地完成相应针对性的练习。

2. 放松练习

放松练习的特征是预先确定将一些肌群的重点紧张与另一些肌群

的明显放松结合起来。实验证明，在一定的条件下，依靠瞬间去除练习开始时克服的外部阻力可以获得最大的放松效果。这类似乎具有强制性放松递减度的练习，在速度性和速度力量性竞技项目中具有特别的价值。在利用上述练习消除比赛练习中的协调性紧张时，对练习中竞技专项特有的动作协调成分重现得越是充分，越是准确，那么，上述练习就越是有效。可是，按这一特征选择的训练练习无论怎样合理，适宜地结合比赛行动中，最有效地肌肉紧张和放松的任务最终应当通过比赛练习来解决。在这种情况下，主要的是在运动员专项技术训练和身体训练过程中形成和不断完善完整比赛练习的节奏结构。

作为有助于降低完成比赛练习的协调性紧张的方法，在训练中可以使用以下方法。

（1）预先思维重现动作形象，并将注意集中于动作的动态，特别是必需放松的时刻；

（2）监督面部肌肉的表情，通常，这很好地反映了一般的紧张状况；

（3）将放松与强制性呼气结合起来；

（4）使用诱导—转移型的练习：将视觉监督从动作过程转向环境、观察同伴的动作特点，例如，在跑的时候、在练习过程中与他们交换意见等等，带有同样目的使用辅助性的外部刺激，例如，音乐伴奏，但当这不干扰动作的节奏结构时；

（5）在疲劳的背景下，但未引起干扰动作协调性的条件下完成练习。

3. 强直性紧张

这与协调性紧张一样，在系统训练的影响下可以降低。但在具有相当训练程度的运动员中也有些人带有顽固的先天性超强直。由于较重的肌肉疲劳，所有人都可能出现暂时性的强直性紧张。

与顽固的强直性紧张作斗争需要十分长的时间。在这种情况下，特别是进行经常的，包含所有主要肌群的放松练习系统是必要的。这种情况下，主要使用的是自由摆动动作和相邻肌群节奏性，多次放松型的练习，如轻轻抖动等等。通常，这些练习与伸展练习结合使用，并被包含在力量型或速度型负荷之间的间歇中，这不仅促进完善放松能力，而且为恢复过程建立了良好的条件。

降低强直性紧张的有效手段之一是游泳或甚至就是直接浸在水中。因为水的浮力对抗了重力，这反射性提高了参与维持姿势的肌肉的紧张度。有益的方法是，为了消除暂时的强直性紧张，提供专门的温水浴、桑拿浴和按摩等专门化的方案。

（二）保持身体稳定性的方法

在绝大多数竞技项目特有的、明显的、运动中，高质量完成练习总是取决于姿势的稳定性，即取决于在各种身体位置中保持平衡的能力。不同的是，在一些情况下，出现一定的时刻，这时候需要保持所谓"静态平衡"——在静止位置上的平衡。而在另一些情况下，静态成分瞬息而过，不断地变化着，并且在动作过程中姿势在一定程度上也稍有改变，但同时保持着总的平衡，即所谓"动态平衡"。在游泳项目中，虽然是需要保持动态的平衡，但是由于身体在游进时会尽量的保持一个"静态的"的平衡，因此，保持静态和动态的平衡都对发展专项技术、发展协调能力是十分重要的。在这一基础上，根据竞技专项的要求，针对性完善静态姿势和动态稳定性的任务，为此使用了所谓"平衡练习"。

根据研究的生理学资料，姿势稳定性是通过紧张反射和在已获得的动作协调形式基础上，由分析器，包括视觉、运动觉、前庭的综合参与下，对姿势的随意调节来保障的。无论在静态的，还是在动态的练习中，这是一般的维持平衡的机制。在竞技练习中，它的特点取决于竞技项目本身具有的、在维持姿势时，内外力相互作用的特点、感觉校正的特点，也就是在不同练习中对不同的感觉器官提出了不同的要求和动作协调形式的特点。在不同练习项目中的平衡指标经常互不相关，尤其在比较静态稳定性和动态稳定性时。有时候没有发现这些指标具有较大的相互依赖关系，甚至在外部形式类似的练习中，例如，在体操和花样滑冰中。在竞技练习中维持平衡的能力是在掌握运动技能和发展协调能力的基础上完善的。

1. 平衡练习的特点

平衡练习就是对姿势平衡产生影响的各因素相互作用下，提高姿势稳定性的难度。换句话说，就是提高维持平衡条件难度的练习。在运动训练中，这样的练习首先就包含了竞技专项的内容——对于它的比赛行动典型的成分和完整形式，要求它们能对保持平衡的能力提出更高要求。

完善姿势稳定性的必要前提在于获得合理姿态的巩固技能，它符合于在这一姿势中保持身体稳定性的生物力学规律性，同时，也在于获得在更难保持平衡的条件下达到最佳平衡的技能。在每一种情况下，这都要求了解和实际掌握平衡和固定姿势的适宜方法。

2. 达到高度的静态姿势稳定性

这是通过对竞技专项特有的静止片断中，保持姿势的困难条件逐渐适应来保障的。在大多数情况下可以使用加大条件难度的各种方式。方式的选择不仅取决于练习的客观特点，而且取决于在完成练习时主观感受到的困难。完善静态稳定性的练习见表3—2所示。

表3—2 用于完善静态姿势稳定性的方法

提高保持平衡条件难度的方法	例子
延长保持姿势的时间	在训练过程中以超过比赛规则规定2至3倍的时间完成体操练习中的"支撑"动作
暂时关闭视觉监督	蒙住眼睛在体操平衡木上完成已较好掌握的复杂静止性练习；将同样的方式用于双人和成组的技巧练习中；在蒙眼摔跤中保持站立

续表

提高保持平衡条件难度的方法	例子
缩小支撑面积	使用更窄的体操平衡木（支撑宽度减小2.5~3cm）；在缩小两手间距离或去除一个支撑点的情况下固定在手倒立位上；在缩小两脚间距离的情况下将杠铃固定在最高位上
提高支撑平面的高度或扩大身体重心到支撑平面的距离	提高完成练习的器械高度（体操平衡木、双杠等）；从屈腿站立或屈手倒立的低支撑位置转入更高的直腿或直手支撑位置
使用不稳定支撑	在吊环上、摇晃的平衡木上、移动场地上完成保持静态平衡的练习
使用预先动作或伴随性动作	在旋转动作后固定在静止的地板上或体操平衡木上；在身体静止平衡位置（如"燕式"平衡）上耍弄球或体操棒
使用对抗作用	双人相互拉的平衡练习，对其中每一个人都提出把关稳定性的要求，不管同伴的对抗作用

3. 完善动态稳定性

在周期性竞技项目中，主要是通过运动技能对不同的外部移动条件的适应来进行的。在训练过程中按照预先的确定，改变训练课的条件，如地形、场地条件等等，选择它们时，应当尽可能有助于扩展运动技能可变性的范围。

作为在竞技专项中完善动态稳定性的辅助性手段，有意使用相邻竞技项目中的练习。在这种情况下，应当对调节平衡的能力提出比竞技专项更高的要求。例如，在滑雪运动员的训练中使用回转滑雪和快速下滑的练习；在体操、跳水和花样滑冰运动员的训练中使用某些高难度的技巧练习；在公路自行车运动员的训练中使用赛车场骑行等等。

(三) 完善空间感觉和动作的空间准确性的途径

具有主动运动活动特点的所有竞技项目，都要求高度发展的正确评价行动的空间条件，也就是在与其他运动员相互作用时评价距离、达到目标的距离、场地的大小、障碍物的尺寸等等和精确地根据它们的程度进行用力。

在大多数竞技项目中空间感觉的特点不是消极地，而是在各分析器综合性发挥功能的基础上，活动性地知觉直接与调节动作的空间参数相联系的空间关系。所以，只有当运动员不仅能评价，而且能准确遵守行动的空间条件，并相应地调节自己的动作的时候，才能说运动员具有完善的空间感觉。在竞技技术完善过程中，空间感觉根据竞技专项的特点而深入专项化，这表现在"距离感"、"障碍感"、"杆感"和其他精确专门化的空间知觉，以及表现在与运动技能的具体形式相联系的调整中。

运动员空间知觉的准确性是与技术训练、战术训练和身体训练过程中动作准确性的完善相一致的，并在其基础上出现的。

专门针对完善空间感觉和动作的空间准确性的训练方法是：系统地循序提高对评定行动的空间条件时的精确分化要求、和对在规定的空间参数限度内控制动作的准确性要求的练习为基础的。根据运动技能公认的标准，达到极为精确的基础上的。例如，在这些竞技项目中行动的器械、场地、设备等外部空间条件是最标准的，对于有相当技能的运动员评价这些条件不是十分困难。这样一些条件下，在练习过程中进行空间分析与其说定向于评价"外部空间"，不如说评价自己本身动作的幅度、方向空间参数，以及身体位置及其各个环节的相互分布。在这一组竞技项目中，完成"空间感觉"的途径有机地与完善动作的空间准确性的途径联系在一起。

完成针对技术准确性的专门作业时，直接目标定向经常要求：

（1）准确地和尽可能规范地重复完成标准的幅度参数、动作方向或身体位置；

（2）按严格的规定精确变化某些参数。

第一类练习是基本的，因为在这些竞技项目中运动技术训练是主要针对达到动作规范参数的稳定性；第二类练习主要具有分化性的意义。在训练过程中，当可能和适宜的时候完成这样的作业，并按照"缩小差别作业"的方法，即从比较粗的分化转向越来越精细的分化。

第四节 专项耐力素质储备

一、专项耐力的基本原理与原则

（一）游泳专项耐力训练的生理生化基础

耐力是指人体长时间进行肌肉工作的能力。耐力的分类及命名十分庞杂，按照运动时的外在表现，可划分为速度耐力、力量耐力、静力耐力、一般耐力等等；按照该项工作所涉及的主要器官来划分，可划分为呼吸—循环系统耐力、肌肉耐力、全身耐力等等；按照所参加运动的能量供应特点，又可划分为有氧耐力和无氧耐力。

1. 能量代谢与人体供能系统

供人体运动使用的能量主要有三种。它们分别是糖（碳水化合物，以下为糖原）、脂肪和高能磷酸盐，这些能量依靠在体内特殊酶的作用，最终转变成为三磷腺苷（ATP）。ATP是肌肉运动唯一的"接供能"物质。ATP在ATP酶的催化作用下，分解成为二磷酸腺苷（ADP）和无机磷酸以供肌肉收缩所用的能量。因为ATP在细胞内的贮存极为有限，据研究表明仅能供10秒钟左右的运动，故ATP将一个高能磷酸键转移给骨骼肌中的另一物质——肌酸（C），生成磷酸肌酸（CP）。当细胞活动时，ATP浓度降低或ADP浓度增高时，CP首先迅速分解释放高能键供ADP，重新合成ATP。

肌体运动时所需的能力全由 ATP 水解提供，而生成 ATP 的系统有三种：磷酸盐（ATP-CP）系统、乳酸—糖酵解系统和有氧系统。

(1) 磷酸盐系统

任何形式的肌肉运动，开始首先提供能量的是 ATP-CP 系统。ATP 是最直接的运动能量提供者，肌肉持续收缩时，ATP 首先被消耗，依靠 CP 迅速分解，将储存的高能键转移给 ADP 重新合成 ATP，以维持 ATP 浓度保证肌肉运动的持续进行，这又称作磷酸原供能系统。

(2) 乳酸-糖酵解系统

ATP 的合成是由糖酵解产生的。在肌肉进行剧烈运动时，肌肉利用 ATP、CP 的无氧分解或通过糖的无氧酵解生成乳酸，释放能量，再合成 ATP 供给肌肉。当所需的能量大且氧供不足时，丙酮酸则最终生成乳酸。所以，此系统又称为乳酸—糖酵解供能系统。

(3) 有氧系统

在此系统的供能过程中，需要氧的存在。人体在运动过程中氧供应充足，糖原、脂肪在氧的作用下，通过氧的参与将体内的糖、脂肪分解为二氧化碳和水，同时释放大量能量，供 ADP 再合成 ATP 的有氧氧化过程产生能量的方式称为"有氧代谢"。人体吸氧能力越大，有氧代谢水平就越高，所以有氧能力又是耐力素质的基础。通过有氧训练可以提高肌体的摄氧量，使氧的供应充分；它是糖、脂肪实现有氧化的先决条件。

人游泳时，在相同速度时的能量消耗是走路时的 30 倍、跑步时的 5~10 倍。在相同速度游泳时，人们能量的消耗还同浮力有关。不同的泳式能量消耗不同，游蛙泳和蝶泳时能量的消耗是游自由泳的 2 倍；同时，能量的消耗同技术的效率也有很大关系，即便是使用同一种泳式，不同的人由于技术效率不同，而导致能量的消耗也不同。研究表明，当 CP 被消耗到 50% 左右时，如运动强度不大，氧供应充足，则以有氧系统供能合成 ATP。如果运动强度高或体内供氧不足，为了迅速合成 ATP 保持其浓度，糖无氧酵解便开始。持续运动强度很大，糖酵解迅速增强并加大供能比例。如持续运动的强度为次最大强度或大强度时，供氧不足部分的能量由糖酵解供应，其余由有氧系统供能。

有氧代谢和 ATP－CP 系统、糖无氧酵解系统的无氧代谢供能系统是紧密相连，互相协调、共同组成一个完整能量供应体系。不同游距的有氧、无氧供能比例是不同的，它们之间的关系形似"剪刀"。见图 3—4 所示。

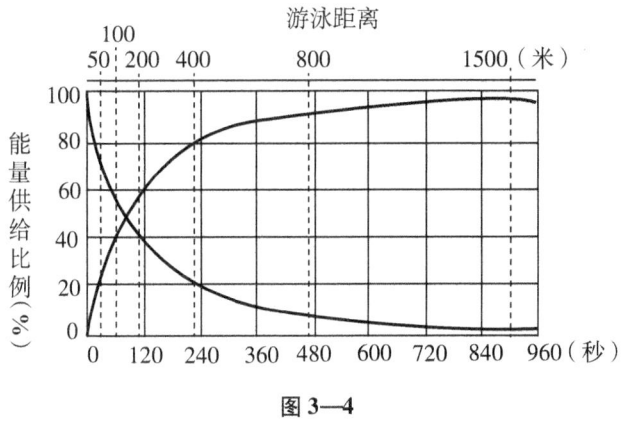

图 3—4

图 3—4 是从 5 秒~15 分钟不同时间全力游实际能量消耗中有氧和无氧系统供能的百分比。图上部坐标表示不同游泳的距离，下坐标表示运动的时间，虚线表示不同自由泳的游距，粗曲线表示有氧供能、细曲线表示无氧供以运动中各自的供能比例。从图中可以看出，全力游完 50 米短时间的运动中无氧供能要占 70%。1 分钟的全力游接近似于 100 米时，有氧、无氧供能各占 50%。类似 200 米游泳的 2~3 分钟全力游则有氧供能占 70%，而 400 米以上的全力游有氧供能就要占到 80% 以上。距离越长，有氧供能所占的比例就越大。

由此可见，长距离项目能量供应大多来自有氧代谢。因此，游泳 400 米以上的项目，具有高水平的有氧能力是重要的。反之，对于无氧能力,在200米项目时要得到最大限度的动员。所以,200米以下的项目,运动员的无氧能力将是主要的。

2. 有氧耐力的生理基础

有氧耐力是指长时间进行有氧工作,该工作是靠肌糖原、脂肪等有氧分解供能的能力。有氧训练是指发展有氧耐力的专门训练。研究表明,最大摄氧量与有氧耐力的关系密切。最大摄氧量是指运动时每分钟能够吸入并被身体利用的氧的最大数量。

空气中的氧,首先经过呼吸器官而弥散入血液,红细胞内含的血红蛋白随即与氧结合,而后再经循环系统,使血液沿血管流到肌肉组织附近;这时红细胞释放出氧,氧又经过一次弥散进入肌肉组织,肌肉中的糖原、脂肪在酶的作用下,利用这些氧进行有氧代谢。决定最大摄氧量的生理因素包括以下几个方面。

(1) 肺的通气机能

从呼吸系统来说,肺通气量大的话,相应吸入体内的氧必然多。同时,吸入体内的氧数量还与呼吸频率和呼吸深度的匹配有关。当一个人经过训练,呼吸机能提高而且掌握了运动时呼吸的要领,有氧耐力水平也会提高。

(2) 氧从肺泡向血液的弥散能力

氧从肺泡向血液的弥散能力是影响有氧耐力的一个因素。影响弥散能力的因素包括肺的循环血量、气体的分压和肺泡膜的厚度等等。

(3) 血液结合氧的能力

血液中红细胞所含的血红蛋白是执行氧运输任务的。血红蛋白的数量是影响有氧耐力的一个因素。如果运动员血红蛋白下降10%,往往会引起运动成绩的下降。

(4) 心脏的泵血功能

运动员心脏功能的好坏也是影响有氧耐力的一个十分重要的因素。研究表明,心脏的泵血机能往往构成影响最大摄氧能力发展的限制因素。

(5) 氧由血液向组织弥散的能力

氧由血液向组织弥散的能力也是影响有氧耐力的重要因素。氧由血液向组织弥散的能力，受血液与组织间的氧分压差大小、组织中的毛细血管的开放数量以及毛细血管膜的厚度等因素的影响。

(6) 组织的代谢能力

组织的有氧代谢能力也是影响有氧能力的重要因素。肌肉组织中的有氧代谢能力是影响有氧能力的一个直接因素。肌肉组织中的有氧代谢能力取决于肌肉组织中的肌纤维类型的分布。一般认为，快肌纤维利用氧的能力较慢肌纤维低。因为慢肌纤维内有氧代谢酶的活性较高，氧化能力强，所以慢肌纤维百分比较高的运动员的有氧能力会较好。

3. 无氧耐力的生理基础

无氧耐力又称为无氧工作能力，是指在运动中身体供氧不足的情况下，较长时间对肌肉收缩供能的能力。无氧耐力和短时间、大强度项目速度耐力的运动成绩密切相关。决定运动员无氧耐力的生理学基础有以下几个方面。

(1) 肌肉的无氧酵解能力

人体骨骼肌中，肌纤维的类型也是影响训练和适应的主要可变因素。人体肌纤维类型的决定因素主要是遗传的，并由此决定着运动员的运动类型。

生理学上依据生化和收缩特性不同，将人体骨骼肌中的肌纤维类型分为4种，但大多的运动资料中只考虑3种。肌纤维根据颜色不同分为白肌纤维和红肌纤维，白肌纤维收缩速度快，称为快肌纤维（FR）；红肌纤维收缩速度慢，称为慢肌纤维（ST）。肌纤维根据染色不同分为1型和2型，1型收缩慢，相当于慢肌；2型收缩快，相当于快肌，2型又分为a、b、c三种，收缩速度依次为b、c、a。肌纤维根据有氧代谢酶活性和无氧代谢酶活性分为慢氧化型（SO）、快氧化型

（FOG）和快酵解型（FG）。见表3—3所示。

表3—3 不同类型骨骼肌纤维特点

	1型 SO纤维	2a型 FOG纤维	2b型 FG纤维
ATP主要来源	氧化磷酸化	氧化磷酸化	无氧糖酵解
肌凝蛋白ATP酶括性	低	高	高
糖酵解酶活性	低	中等	高
糖原含量	低	中等	高
线粒体数量	高	高	低
肌红蛋白含量	高	中等	低
毛细血管密度	高	中等	低
收缩速度	慢	快	快
疲劳速率	慢	中等	快

研究表明，优秀赛跑运动员腿肌中慢肌纤维的百分比及乳酸脱氢酶活性（无氧代谢的重要酶）随项目的不同而不同。其中，短跑运动员中乳酸脱氢酶活性和无氧耐力紧密联系。运动员的无氧代谢能力越强，无氧耐力越好。快肌纤维收缩速度快，但也易于疲劳；红肌，慢肌纤维收缩慢，但持久性强。这两种纤维最大的区别是肌红蛋白的水平。肌红蛋白是肌肉中一种对氧有极强亲和力的蛋白物质，是慢肌纤维中表现出红颜色的根源所在。慢肌纤维比快肌纤维有更多的肌红蛋白，因此，显示出了他们在颜色上的不同。红肌纤维中的肌红蛋白充分将氧从毛细血管中送入线粒体中，而消耗氧是线粒体的一个主要功能。线粒体越多，肌肉氧化营养物质产生ATP的能力越强。慢肌纤维还有很强的氧化乳酸的能力。而快肌纤维则缺乏这些特性，因此，慢肌纤维更能承受持久性的工作。

（2）运动中消除乳酸的能力

参加工作的肌肉不仅是乳酸的生成部位，同时也是氧化乳酸的主要场所。这是因为，运动肌是充分调动细胞呼吸机能的主要组织。有关研究表明,在运动中运动肌生成的乳酸大部分是在运动期间经直接氧化的途径被消除。因此,运动中肌肉组织消除乳酸的能力影响到运动员的无氧能力。

(3) 血液缓冲乳酸的能力

乳酸是一种较强的酸性物质,在肌肉内生成后迅速进入血液。血液中有许多缓冲物质,能中和进入血液的乳酸。碳酸氢钠是一种主要的缓冲物质,运动生理学中把血液中碳酸氢钠的含量称为"碱储备"。血液中"碱储备"越多,缓冲乳酸的能力越强。

(4) 脑细胞对血液酸碱度变化的耐受能力

影响无氧耐力的另一个重要因素就是脑细胞对血液酸碱变化的耐受能力。当血液中的酸碱度发生变化时,运动员的工作能力就会下降。当运动员经常进行无氧训练时,其脑细胞耐受乳酸能力会得到提高。

(二) 游泳训练的适应

1. 肌体适应的阶段与基本特点

从现代眼光看,生物学上长期个体适应机制,即肌体在运动条件下对运动量的专门适应能力,是发展运动员专项工作能力的基础。适应对整个肌体产生的作用包括:(1) 保证运动员肌肉工作的强度;(2) 维持和恢复肌体内环境的恒定,并提高肌体的防护能力。

适应过程的基本阶段在个体适应形成过程中,可分下述4个阶段:(1) 短时适应过程;(2) 从短时适应过渡到长期适应过程;(3) 稳定的长期适应过程;(4) 适应系统"衰竭"(可能丧失)期。

短时适应过程指对新的、具有相当强度负荷量的初始适应阶段。它反映负荷作用时,在已形成的动作定型和早已存在的机能能力基础上直接发生的适应变化。此时需动员完成具体运动项目的特定机能系统的工作达到最高水平,即在训练水平状态下动员参与工作的肌群(收缩速度和力量)、呼吸和血液循环等系统的工作达到最高水平。各机能系统均在其生理能力限度内发挥作用。在这种条件下,肌体对动作的应答能力往往不是力量欠佳，就是持续能力不足，再就是动作的协调性、准确性不足。

如果经常重复强度较大、持续时间较长的运动，专项机能系统无法全部满足肌体的需求，并无法使其内环境保持恒定。肌体处在紧张状态下，会启动自我防护机制——一种一般的应激反应。通过神经体液调节中枢，可加强交感肾上腺系统和垂体肾上腺皮质激素系统的活性。只有对肌体的作用力超出阈值水平，这些系统才会参与活动。使血液释放出大量肾上腺素、去甲肾上腺素、肾上腺皮质激素和其他各类激素。这些激素与能量基质和收缩蛋白质遭破坏时形成的其他代谢产物，共同动员整个肌体的能量和形成物质储备，并选择性地分配给承担主要负荷的器官和组织，从而尽量满足各肌群的工作。

从短时适应过程转变到长期适应过程与所谓的系统结构痕迹形成有关。由于细胞机能与遗传器官存在密切联系，某类细胞结构长时间大强度地发挥作用，将激活这些结构中核酸和蛋白质的合成。细胞结构团块的增大，也促使一些器官和整个机能系统变得肥大。结果，肌体适应过程限定的那些肌肉活动环节的工作能力得以增强。

如上所述，结构痕迹是在一般应激症生成背景下形成的。在适应过程的开始和过渡阶段，一般应激症起重要作用。稳定的适应过程形成之后，破坏内环境恒定的因素被消除，一般应激反应作用逐渐消失。稳定的长期适应过程反映肌体的专项工作能力已达到较高水平。运动员可有效解决战术和其他各类专项训练的专门任务，同时，运动水平迈上一个新台阶。

发展与保持长期适应过程与不断采用对适应系统提高要求的运动量有密切联系。总采用固定的运动量练习，会妨碍适应过程的发展。这时肌体用习惯的反应应答习惯的运动量，运动量的作用将消失。总采用不能维持已达适应变化水平的运动量练习，或中止训练均会导致适应过程消退。

运动实践证明,与多次重复适应过程周期,即多次重复不适应到适应过程相比,通过运用最佳负荷量安排训练,维持适应过程的机能和结构基础效果好得多。频繁交错地安排适应和适应消退过程,会大伤肌体元气,使承担适应过程的系统亏损。因此,科学有根据地为各训练期安排不同强度的最佳训练量、最佳练习时间是合理的。具有首要意义的一个问题,是游泳运动员肌体能承受多长时间的连续训练,并保证他的适应能力不遭破坏。1985年,维尔霍尚斯基指出,训练有素的运动员采用中等强度的运动量训练,连续训练的时间可持续5~6周,采用单一强度的大强度训练持续时间不应超过3~4周,这之后,必须安排一段恢复期,以激活恢复过程。高级运动员肌体可连续承受3个大强度训练周期的训练,但各训练周期间需安排一个持续7~10天的恢复期。最后,须安排一段持续时间较长的代偿性训练期,使肌体机能恢复到稳定水平之上。通常,适应过程改造成功需进行大强度的训练,并使竞技状态趋于稳定,需时18~22周。

在适应过程的初级阶段,为应答具体运动负荷的不断作用,肌体内形成统一的机能构造,这一构造是进行专项机能改造的基础。这种改造特点表现在主要供能系统,主要运动素质和能力大幅度提高,专项动作协调性大大改善,承担主要负荷的骨骼肌生化结构发生变化。从短时、不稳定向长期稳定个体适应过程转化,与系统结构痕迹的形成有密切联系。后者是专门长期适应过程的物质基础。专项结构痕迹的形成与非专项应激反应的发展是不可分割的。

在游泳比赛中,对特殊性的最佳理解就是搞清楚不同的长距离训练对肌体的生理作用。方法的不同以及他们的特殊作用是根据训练中无氧与有氧的供能比,以及训练的累计效应来界定的。

2. 游泳耐力训练的生理适应性

(1)长距离训练

长距离训练是持续游400米、800米、1500米甚至更长的距离。

有氧和无氧供能百分比为：70%~95%有氧，30%~5%无氧。

生理变化：这种训练对氧运输系统的要求很多，肌体的适应包括：心输出量和每搏输出量增加；安静时心率减慢；肺从空气中摄氧的能力提高；肝脏和肌肉储备糖原的能力提高；肌肉中功能毛细血管的数量增加；肌纤维中线粒体的数量、体积和组成增加。

（2）间歇训练

以较低和中等强度训练，中间有较短时间的休息，如15×100米游，每次间歇休息10秒钟。有氧和无氧供能百分比为：55%~85%有氧，45%~15%无氧。

生理变化：这种训练引起肌体的变化，与上面提到的长距离训练相似，但与后面将提到的重复训练的作用有较大的差别。这种训练与长距离训练相比的一个好处是，间歇时有很多可用于下一个训练的ATP、CP再合成，提高了肌体氧化乳酸的能力，而乳酸的及时清除可以防止它的堆积，这有助于提高工作能力。乳酸阈，也叫血乳酸，它是无氧供能的开始，被看作是肌体耐酸能力的一个评价点，乳酸的氧化是根据负荷量和氧气量进行的。所以，与持续训练相比，间歇训练的强度再大、引起的乳酸再多，也不会造成乳酸的堆积。在间歇休息中，前一次训练的氧债补，也就是上次训练中不足的氧的补充可以帮助肌体恢复体温、平衡儿茶酚胺水平，帮助脂肪酸氧化、储备心脏和呼吸系统中的氧气，再氧化肌红蛋白等等。在这我们摒弃了前面所提到的观点——低氧和高二氧化碳的刺激是引起肌体有氧和无氧供能能力增强的原因，因为现在有足够的氧，并且二氧化碳的生成量也没有预期中的高。

（3）重复训练

次大和最大强度训练，较长间歇休息，如4个接近最大速度的150米游，每次间歇休息5~10分钟。有氧和无氧供能百分比：30%~50%有氧，70%~50%无氧。

生理变化：这种训练中大部分的 ATP 来源于细胞质中的糖酵解过程。而糖酵解所需的酶也存在于肌细胞中。随着训练的进行，肌细胞中糖原和催化剂的储备明显增加。这可能是重复训练引起的肌体的最主要的适应。据推测，这种训练中高浓度的乳酸可能是肌体氧合和氧运输增强的刺激因素，因此，引起了功能毛细血管的增多、线粒体数量和质量的提高以及血液生化的良性变化等等。

（4）爆发力训练

短距离冲刺游训练，如像 10×25 米全速游，每次间歇休息 20 秒~1 分钟或 1 分钟~5 分钟不等。休息中，大约前一次所消耗的 ATP、PC 的 80%~90% 可以得到恢复。有氧和无氧供能百分比：85% 无氧，15% 有氧。

生理变化：这种训练提高了神经肌肉的协调性，从而使肌肉收缩速度增加。肌肉中的磷酸盐水平有可能提高，因此，运动员可以以最大速度游更长的时间。

四种训练方法分开定义，并不意味着它们不可被综合应用。像中速间歇训练的无氧功能比大于长距离训练，但又低于重复训练，是一个很好的例子。四种训练方法以及它们的变化和联合，都以肌肉中保持较高水平的 ATP 为基础，以有氧形式产生的 ATP 越多，训练方法越好。任何能提高氧气的运输和利用、肌体的耐酸力增强的训练，都是对运动员有益的训练。

二、发展有氧耐力的训练方法

游泳运动员的有氧耐力训练在整个游泳训练中占有重要地位，其距离训练量在全年训练量中占主要地位，长距离运动员有氧训练的量所占百分比则更多，如澳大利亚长距离运动员每周的训练计划中，有氧训练的量要占到 70%。近年来澳大利亚游泳训练成功经验表明，即便是短距离运动员，在赛前减量期也要重视有氧训练。奥运会 50 米、100 米自由泳金牌得主波波夫的训练指导思想就是：从某种意义上说，游泳是一项耐力运动,因此,需要高度地发展有氧能力。

游泳比赛项目中虽80%的距离是在200米以下,能量供给以无氧代谢为主,但从能量代谢的角度看,人体运动的最终能源来自于营养物质糖和脂肪的有氧代谢,因此,有氧代谢也是无氧代谢的基础,无论什么项目的运动员都必须重视有氧训练。而400米以上的游泳比赛项目则是以有氧代谢为主,有氧训练的地位就更重要了。

(一)有氧练习的种类及其生理机制

1. 最大功率有氧练习($95\% \sim 100\% VO_{2mx}$)

这类练习中有氧供能占到60%~70%,同时,无氧供能也具有很重要的成分。主要能源物质是肌糖原,它通过有氧和无氧形式被分解,极限运动时间为3~10分钟。竞赛项目如1500、3000米跑、400、800米游泳等等。在运动开始后1.5~2分钟,运动员的脉搏、每搏输出量、肺通气量、需氧量(最大摄氧量)达到个体最大值。随着练习的进行,血乳酸和肾上腺素含量增加,心脏功能指数和需氧量或者保持,或者下降。练习后的血乳酸含量可以达到15~25mmol/L,同练习时间成反比,同运动水平成正比。

主要生理主导系统与机制:氧运输系统、糖酵解系统的功率。

2. 次最大功率有氧练习($85\% \sim 95\% VO_{2mx}$)

这类练习中有氧供能达到90%。作为氧化物质碳水化合物多余脂肪,肌肉中的糖原起主要的作用,而果糖次之。极限运动时间为30分钟。主要竞赛项目如5000~10000米跑,1500米游泳,在完成练习的过程中脉搏为最大值的90%~95%,肺通气量为最大值的85~90%。练习后,高水平运动员的血乳酸含量约为10mmol/L。在练习过程中体温会升高。

大功率有氧练习($70\% \sim 80\% VO_{2mx}$)——这类练习中有氧供能达到90%以上。作为氧化物质碳水化合物多余脂肪;肌肉中的糖原起主要的作用,脂肪以及果糖次之。极限运动时间为120分钟。主要竞赛项目如 30000 米跑以上。在完成练习的过程中脉搏为最大值的 80% ~ 90%，肺通气量为最大值的 70% ~ 80%。练习后，运动员的血乳酸含量一般不高于 4mmol/L。在练习过程中体温会升高至 39 ~ 40 度。

主要生理主导系统与机制：氧运输系统、有氧系统容量，其主要取决于肌肉和肝脏中糖原的含量及分解脂肪的能力。

3. 中等功率有氧练习（55% ~ 65% $VO2_{max}$）

这类练习中几乎都为有氧供能过程。作为氧化物质脂肪为主、碳水化合物次之。极限运动时间为几小时。主要竞赛项目如 50 公里竞走。在完成练习的过程中脉搏不超过最大值的 60% ~ 75%。

4. 低等功率有氧练习（50% 以下 $VO2_{max}$）

这类练习中几乎都为有氧供能过程。作为氧化物质脂肪为主、碳水化合物次之。极限运动时间为数小时。主要是人类的一些活动，如行走或群众体育活动。

（二）有氧训练的基本方法与手段

有氧耐力是指长时间进行有氧工作（该工作是靠肌糖原、脂肪等有氧分解供能）的能力。所以在用间歇训练发展有氧耐力时，应当注意练习时间、距离和间歇时间的选择，应以能使运动员的心血管系统的功能得到提高为标准。

例如：可以采用以下训练参数来发展有氧耐力：

训练强度：中等，脉搏 160 ~ 180/分。

间歇：以脉搏恢复至 120 ~ 140 次/分为准。在用间歇训练进行有氧训练时应当明确，间歇时间的基本要求是在运动员肌体处于尚未完全恢复时再进行下一次的练习。因此，间歇时间不宜过长。

练习的持续时间：整个练习的持续时间应尽可能延长，要保持在半小时以上。这样可以提高肌体大量利用组织中氧气的能力，提高心脏的潜在功能。

游泳训练中的有氧训练的方法、手段与运动强度、游距有关。实践证明，不管是长距离、还是超长距离游项目的运动员，以70%~85%的运动强度、持续进行中距离并结合短的间歇，心率保持在120~160次/分的训练，对发展有氧代谢有积极作用。

有氧训练最常见的手段有持续训练、间歇训练、巡航训练法等等。

1. 持续训练法

采用持续训练法是指不间断地连续游一定距离或者时间的训练方法。它的距离往往要超过比赛距离（长距离或超长距离），游进的速度要低于比赛速度，采用匀速或变速进行练习的训练方法。例如以下几种训练方法。

（1）连续3000米自由泳；

（2）5×1000米自由泳，每组13分钟定时，要求12分半游完，休息半分；

（3）10×400米自由泳，每组5分20秒定时，要求4分48秒游完；

（4）20×200米自由泳，每组2分45秒定时，要求2分30秒游完。

这种训练安排是长距离项目和中短距离项目的耐力训练为基础。运动员可以采用自由泳，或自由泳和仰泳交替的方式完成，这种训练安排为在一定速度下保持良好技术动作提供超大量训练负荷。当今，这种训练多数教练已不采用，仅在建立一般身体能力和减量阶段中采用。

持续训练法主要作用是发展一般耐力，稳定或提高肌体的有氧供能能力。采用较大强度的持续游进行训练，可以发展专项耐力。采用持续训练法可以使运动员的技术熟练程度提高，获得较好的自动化水平，提高技术动作的经济性，但这是建立在保持正确技术动作的持续游练习基础上的。持续训练还可以锻炼运动员的意志品质。

练习时可采用匀速、加速、变速等方式进行。作为发展有氧代谢能力而采用长距离练习时,应注意控制强度,采用中等强度,延长练习时间。由于采用距离较长,动作频率较慢,中枢神经系统长时间接受同一单调的刺激,容易引起疲劳,为了消除这一不良影响,方式可多样化,并可与短冲训练法结合使用。

2. 间歇训练法

(1) 间歇训练法的方式

间歇训练是指进行反复游练习时,每次或每组练习按严格规定的间歇时间进行休息。决定间歇训练负荷的主要要素由:游距、游泳时间(游速或成绩)、休息时间、反复进行的次数(总游距)四个要素组成。改变其中的任何一个要素,其训练负荷都会发生变化。有氧训练中常常采用间歇训练进行。

用间歇训练来发展有氧能力,最重要的就是间歇时间不能过长,训练强度不能太高,这样运动员在不能得到完全休息的情况下进行下一个练习,一个练习组的时间应保持在 20 分钟以上,使肌体处于以有氧代谢为主供能的状态。

训练中可以采用低强度间歇训练来发展有氧能力。低强度间歇训练主要是以有氧供能练习为主,目的在于提高心血管系统的机能、一般耐力和肌肉耐力;在训练各周期、阶段都可以采用,尤以准备期、基本期内占较大比例,在改进提高技术练习时也常采用。低强度间歇训练可以采用慢于比赛速度来完成一组某种距离的反复游,间歇时间短于练习所需要的时间,心率尚未恢复就开始下一次练习。

例如:某运动员 100 米自由泳成绩 1 分,每 50 米平均成绩是 30 秒。训练时采用 30×50 米自由泳,要求间歇时间 20 秒、每 50 米成绩 32 秒。

训练中也可以采用定时反复游的练习来发展有氧能力。在规定的时间内完成一定的距离和间歇时间的反复游,间歇时间随完成强度变化而变化。这种方法的特点是间歇时间不固定,但是每一规定时间内的负荷量却是相对稳定的。完成强度高时可多休息，完成强度低则少休息。定时间歇训练的方法便于集体训练时运动员水平不等和运动员多时采用，也便于发挥运动员的潜力。例如以下几种训练方法。

（1）40×50米自由泳，40秒定时；

（2）16×100米自由、仰泳，1分20秒定时，要求1分15秒完成；

（3）10×（50米自由泳，40秒定时+100米蛙泳，1分40秒定时+50米自由泳，40秒定时）；

（4）400米混合泳，在每游完50米后休息5秒。

这种训练的特点是休息时间很短，只有5~15秒，训练和休息的比例是5~10:1。即游60秒，休息5~10秒，这种训练多用在自由泳上，其他泳姿偶有采用，根据所采用的强度和速度，它可用作低强度有氧和最大摄氧能力的训练。

可以采用变换游近距离（等间歇）和强度反复游的练习来发展有氧能力。在练习中间歇时间不变，距离则是不固定的；或者练习距离固定，间歇时间改变，或者二者结合进行。例如以下几种训练方法。

（1）3×10×100米（组1是1分40秒定时，组2是1分50秒定时，组3是2分定时）；

（2）2×4×100米（强度递减）+100米恢复游（每4组之后）；

（3）3×（200米自由泳+150米仰泳+100米蛙泳+50米自由泳）；

（4）4×（50米蝶泳+100米仰泳+150米蛙泳+200米自由泳）；

（5）3×3×150（组1是50米蝶+50米仰+50米蛙，组2是50米仰泳+50米蛙泳+50米自由泳，组3是50米蝶泳+50米蛙泳+50米自由泳）；

（6）8×50米混合泳（倒序），60秒包干。

所有教练都要变换游泳距离和强度，尤其是混合泳项目的教练，他们需要把各种泳姿加到计划中，因此，可以说这种训练安排是专门为混合泳选手准备的。

还可以采用"梯形"的练习，即一组训练中练习的距离可由长到短，或由短到长。其形式有以下几种：

上梯形：反复游的距离由短到长的递增。例如：50～100～200～400～800米。

下梯形：反复游的距离由长到短的递减。例如：800～400～200～100～50米。

等腰梯形：反复游的距离由短到长的递增，再由长到短递减。例如：50～100～200～400～800～400～200～100～50米。

（2）间歇训练的注意事项

在进行间歇训练时，由于严格控制两个练习之间的休息时间，往往要在体力和呼吸尚未恢复到正常情况下继续进行训练，对运动员肌体的刺激较深，身体的反应也比较大；但这种训练方法也比较容易适应。

间歇训练后糖原耗尽程度比持续性训练大得多，大负荷后约48小时才能恢复，而持续性训练后，24小时即可恢复到正常水平，不会造成糖原不足。因此，发展有氧耐力，必须把间歇训练法和持续训练法结合起来进行。

使用间歇训练法加大运动负荷时密度应由小到大，数量由少到多，速度由慢到快，然后再加大密度，最后再提高强度，循序渐进地进行。

进行间歇训练，根据不同训练目的，可采用主副交替混合泳和手腿基本动作等形式进行。

三、发展无氧耐力的训练方法

无氧耐力是运动员提高专项水平的重要保证。

（一）无氧练习的种类及其生理机制

1. 最大无氧功率练习（极限强度练习）

这种练习几乎完全以无氧方式供能，无氧供能占到90%～100%。

主要能源物质为磷酸源系统（ATP–CP）及少量的糖酵解系统。在短跑运动员中最大功率为 120 卡/分。最长运动时间为不超过 10 秒。例如，100 米跑，50 米潜泳或游泳等等。

由于运动的时间极短，呼吸和血液循环系统在运动中没有达到最大值。在这一运动中，运动员要不就不呼吸，要不就呼吸几次。相应的肺通气量为最大值的 20%～30%，脉搏在开始前达到 140～150 次/分；在练习中上升并在结束时达到最大值的 80%～90%，约为 160～180 次/分。对于这种项目而言，血液循环系统几乎不参与工作。在练习过程中血乳酸的含量变化不明显，尽管在练习后可以达到 10mmol/L。

主要生理主导系统与机制：

决定运动成绩的生理系统是中枢神经系统、神经—肌肉的功能性、磷酸原系统的储备。

2. 次极限强度无氧练习

这是以无氧供能方式为主的练习。无氧供能占到 75%～85%。在短跑运动员中最大功率为 50～100 卡/分。最长运动时间不超过 20～50 秒。例如，200～400 米跑，100 米游泳等等。

在这种练习中，血液循环系统起到很大的作用。在 200 米或 400 米跑之后，心率提高很大，在练习过程中，肺通气量很快提高，在练习后 1 分钟可以达到最大值的 50%～60%。需氧量也迅速提高，可以达到个体 VO_{2max} 的 70%～80%。血乳酸含量在练习后达到很高，高水平运动员可以达到 15mmol/L，血液中血乳酸含量的提高同肌肉中乳酸生成的速度有很密切的关系。同安静时相比，血糖的含量有所提高。

主要生理主导系统与机制：

决定次极限强度无氧练习运动成绩的主要因素包括前一练习的主要因素之外，还有糖酵解系统的工作效率。

3. 低强度无氧练习（有氧—无氧练习）

这种练习，无氧供能占 60%～70%，主要能源系统为糖酵解系统。

其中有氧氧化系统也占有很重要的成分。在径赛运动员中最大功率为40卡/分。最长运动时间为1~2分。例如，800米跑，200米游泳等等。

在完成这类练习时，运动员的血液循环系统，包括脉搏、需氧量、肺通气量、每搏输出量等生理指标可以达到接近或达到最大值。距离越长，上述值越高，有氧代谢的比重也越大。在这类练习之后，血乳酸含量可以达到20~25mmol/L，相应的血液中的酸碱度下降，血糖含量在通常情况下会明显升高。血浆肾上腺素和生长激素含量提高。

主要生理主导系统与机制：

糖酵解系统的容量及功率、神经—肌肉器官的性能、组织的氧运输能力、肌肉的有氧供能能力，这类练习对于有氧和无氧系统都有较高的要求。

（二）无氧训练方法与手段

无氧耐力是指身体处于缺氧情况下，或者说当不能获得充足氧以产生足够的有氧能量时，较长时间对肌肉收缩供能的能力。发展游泳运动员的无氧代谢能力，在游泳训练中占有很重要的地位。

运动员的无氧训练，是提高无氧代谢能力，控制和调节有氧、无氧两种代谢途径的一个重要环节。无氧训练应该包括提高乳酸能供能训练和非乳酸供能训练。无氧运动能力的高低决定了短距离游泳运动员的运动能力。而400米以上的游泳比赛，即便是长到1500米距离的项目，也需要无氧代谢参与供能，及具有最终的冲刺能力。因此，不管是短距离，还是长距离项目的运动员，都应重视无氧训练。

进行无氧训练时，由于大量缺氧，在血液中可出现极高水平的乳酸，表明为体内主要采用的是无氧酵解的供能方式。研究表明，决定运动员无氧耐力的主要因素是肌肉内无氧酵解供能能力和缓冲乳酸（最大乳酸）的能力。

发展运动员无氧耐力时，常常采用间歇训练方法和重复游训练方法。比较常见的练习手段有：短冲训练及测验训练（实战训练）、重复训练、变速训练。

1. 采用间歇训练方法发展运动员无氧耐力

（1）发展耐乳酸能力

用间歇训练方法发展有肌体，在血乳酸浓度很高时也能发挥肌肉作用的能力（最大乳酸），可以采用参考以下训练参数：

间歇一组练习中由5~8分减至2~3分，组间间歇为15~20分；练习2~6组，1组3~4个练习。

可以用以下练习手段发展运动员的耐乳酸能力：

可采用50~200米距离，总量在400~600米，练习时间歇时间1:1~1:2，用95~110%比赛速度，根据距离的不同血乳酸指标控制在6~12mmol/L，心率要求达到最高或最高减10次/分的强度进行。

目的是改进无氧能量的供给和忍痛能力，提高工作肌缓冲和耐乳酸的能力；适应比赛，挑战自我。

（2）发展糖酵解能力

在训练课中若采用不同的段落，则它的安排顺序具有重要意义。顺序不同，效果也不同，如先游短距离，再游长距离，则运动员肌体内血乳酸浓度不断提高。相反顺序安排，则运动员的浓度在头2~3个段落已达到最大值，然后随着段落的缩短而降低。因此，为提高运动员肌体迅速动员糖酵解能力，则距离应先长（400~200米）后短（100~50米），而为了提高有肌体长时间维持糖酵解机制的高度活性，则应采用相反顺序。

采用间歇训练方法发展运动员的无氧糖酵解能力可以采用以下训练参数：

2组200、3×100、8×50米主项；间歇45秒；组间间歇3~5分；强度85%~90%。

（3）发展非乳酸无氧耐力

采用间歇训练发展非乳酸无氧耐力，就是提高肌肉力量和速度，提高中枢神经系统的兴奋性，往往采用15米、25米的快速练习，每个练习之间要有足够的休息时间，以保证不会产生乳酸积累和用较高的强度完成练习。

在这种练习时，可参照以下参数：

练习时间8～15秒，距离15～25米，强度大于95%。

采用15～25米距离；练习时间8～15秒；强度大于95%；

在用间歇训练进行无氧训练时，要充分考虑运动员的个体差异性，以此确定所采用的训练手段、训练强度、间歇时间。在对少年儿童运动员进行无氧训练时，要谨慎选择训练手段和负荷。因为不适宜的训练负荷很容易使少年组运动员产生过度疲劳。

(二) 短冲训练手段

短冲训练法是指运动员以全力、用最快速度进行练习的方法。

常用的练习手段有：

10×12.5米、10×15米、8×（25米+放松25米）；间歇1～3分，强度95%～110%；

短冲训练手段是典型的无氧供能方式的训练。短冲训练可以有效地提高运动员肌肉中高能磷酸化合物的储备量，无氧代谢酶的活性，加快糖酵解速度，从而提高无氧代谢的能力；主要是发展速度、绝对速度。这种训练手段的特点是选择超短距离；练习之间要有较长时间的间歇；心率和呼吸次数的恢复应该比重复训练更接近安静时的基础水平。冲刺时间一般不要超过30～35秒；最常用的分段距离是15～50米，这样运动员在练习的全过程中都能保持高强度。

运动员在短冲训练时，划手和打腿要以最大的力量和最快的速度进行，因而对肌肉的刺激较大，能够提高肌肉的速度和力量。同时，采用短冲训练法是快速的紧张与放松的交替，对神经系统也是一种非常好的锻炼，可提高和改进快游时的技术。

短冲训练应当注意的是在进行这种训练时，非乳酸盐无氧耐力的主要功能系统是体内的磷酸原系统。因此，在进行非乳酸盐无氧耐力训练时，应采用较高的强度和较短的时间，才能动用磷酸原系统而又不产生乳酸积累。运动员的体力应处于良好的状态，这样神经系统才能保持高度兴奋性而不疲劳，最大限度地动用磷酸原系统，提高磷酸肌酸激酶和ATP酶的活性，改善神经肌肉的协调性，从而达到训练目的。在选择提高速度能力的练习时，必须是运动员很熟悉的练习，否则运动员的注意力将首先集中在动作的技术上，而不是强度。

在进行短冲训练时，间歇时可以在水中进行一些强度不大的活动，利于代谢产物尽快从组织中消除，维持中枢神经系统适宜的兴奋性。

（三）重复训练法

重复训练法是指按规定的时间，多次重复某一距离的训练方法。它同间歇训练的形式基本一样，所不同的是休息间歇时间要求的不是那么严格。间歇时间的控制应使呼吸和心率基本恢复。多采用主项距离或短于主项距离。重复训练类似于比赛练习，强度一般要求达到极限。它是以强度为中心的训练方法，对中枢神经系统的兴奋与抑制的转换，大脑皮层与肌肉的协调能力要求较高。采用重复训练法要保证足够的休息间歇时间。

重复训练法可以提高运动员的速度感和动作节奏感，就像是通过测验和实际比赛一样，学会如何在比赛中分配体力，掌握速度。重复训练对中枢神经系统的兴奋与抑制的转换，对大脑皮层与肌肉的协调能力要求较高。如采用50米以下的短距离进行重复游，主要是发展肌肉力量和速度，也就是非乳酸能系统。采用较长距离的重复游，如75~400米主要是发展速度耐力。

重复训练是提高训练强度的主要训练手段，训练强度很高，对于运动员的肌体的刺激较深，因此，在安排时要特别谨慎，应在运动员身体状态较好的情况下进行，并注意训练后恢复手段的运用，一般每周安排1~2次为宜，一般不多于2次。

在重复训练前应有足够的准备活动和足够的休息时间，重复训练后要安排放松练习。进行重复训练时，对完成的强度要做出明确的要求，达不到强度要求时，可延长休息时间或减少练习次数，否则会失去重复训练的意义。进行重复训练时要保持正确的技术。

三、发展无氧耐力的能量训练手段

（一）发展耐乳酸能力的练习

耐乳酸训练——在反复游或长距离游训练中，使运动时间内产生乳酸大于消乳酸能力的训练方法。

可采用以下训练手段：

4~6组（16~20×50码），间歇10~15秒，组间歇30~60秒，强度为最好成绩的85%~90%；

4~5组（40~20×75码），间歇10~15秒，组间歇3~5分，强度85%~90%；

3~5组（8~12×100码）间歇30秒~5分，组间歇3~5分；

3~6组150~200码，间歇3~5分，强度为比赛速度的90%~95%；

300~400~500~600~700~800码，3~5组，间歇3~5分，强度为比赛速度的95%~99%。

采用50~200米的距离，强度在90%~95%左右，间歇时间由5~8分钟递减至2~3分钟，组间歇为15~20分钟，2~6组，1组4~6×150、100米或200米，在间歇时不做积极性恢复。

（二）乳酸峰值的练习（最大产乳酸训练）

乳酸峰值训练——使训练强度足以达到最大产乳酸能力的训练手段。

可采用50~150米重复游，强度为80%~90%最大用力；200~400米重复游，90%~99%最大用力和95%最大用力地长游，血乳酸可以达到 10~18mmol/L 的浓度。心率要求达到最高或最高心率减 10 次/分的强度进行。目的是改进无氧能量供应能力，提高工作肌耐乳酸和消除乳酸的能力。

海恩斯的乳酸峰值训练：10×50 米蛙泳，3 分钟定时，血乳酸值在 10mmol/L。

奥尼尔的乳酸峰值训练：6×100 米蝶泳，8 分钟定时；或者 N×100 米，一主一副的练习。间歇时进行积极恢复。

第四章 游泳健身科学化的训练方案

第一节 游泳健身的训练内容、目的与任务

一、游泳训练的基本内容

为达到游泳训练的目的，实现游泳训练的任务，整个训练过程中所包含的训练内容是多方面的。在现代训练理论中，训练的基本内容是指运动员训练发展所涉及的主要方面，反映对运动员培养和训练的基本导向。游泳训练的基本内容，主要包括身体训练、技术训练、战术训练、恢复训练、心理训练、智能训练、思想政治教育七个方面。

（一）身体训练

身体是运动成绩的物质基础，游泳运动员身体训练旨在建立扎实的体能基础。身体训练水平的发展，在于身体基本素质的提高，即力量、速度、耐力、柔韧等发展水平。游泳运动员身体训练从训练环境分类，包括陆地身体训练和水上身体训练。从训练性质分类，包括一般性身体训练和专项性身体训练。游泳运动员陆地身体训练主要发展力量、柔韧性、协调性、灵敏性等素质。水上身体训练主要发展水上运动能力和提高专项身体训练水平。

（二）技术训练

技术训练的任务是学习和掌握专项运动技能，提高专项技术水平。技术训练与技术教学是紧密结合在一起的，技术训练是技术教学的深

化，因而要遵循教学的一般规律、技能形成和技能迁移规律。技术训练还要考虑运动员个人特点。技术训练最本质的特征，就是保证运动员在比赛中为创造最好成绩而有效地发挥机能潜力。

（三）战术训练

在周期性运动中，比赛战术的主要内容体现在运动员能否在比赛进行中使技术与机能处于最佳结合状态，这种能力主要表现为调整动作节奏，改变划距、划频，修正技术上的动力性和运动性参数，以保证体能在比赛中得到充分发挥和合理地分配。

一般认为，战术训练应建立在战术计划和实际行动要求的身体素质、心理素质、技术训练水平和理论知识相适应的基础上。周期性项目战术训练，需要选择适合运动员个人通过各段距离时间的方案。这一方案，并不取决于主要竞争对手的行为，而在于运动员准确地控制自己游速的能力。因此，游泳的战术训练实质是培养运动员的速度感。

（四）恢复训练

训练与恢复是现代运动训练的两大主题。恢复对于像游泳这类的体能性运动项目，更具有举足轻重的作用。没有恢复，就不可能进行训练。

训练、比赛的能量消耗是通过恢复活动得到再生。训练之间的恢复有利于后继训练的完成，赛前的恢复使体力水平得到复原或超量提高，有利于比赛创造优异成绩。因此，训练、比赛和恢复处于同等价值的地位。恢复形式、手段与方法是相对训练和比赛而有所区别。游泳训练恢复的内容与方法有训练学方法、医学物理学方法和心理恢复等方法。游泳运动员从水上转换到陆地、从专项训练转换到一般训练等，也都包含恢复因素。但这种形式和方法，主要以调节机制为主，使负荷转移，促进恢复。合理安排训练的本身就是最好的恢复。

（五）心理训练

心理训练已成为现代训练的重要内容，影响着运动员在重大比赛中水平的发挥。训练学专家认为：运动竞赛取决于运动员身体素质、技术水平和心理状态三个方面因素，在身体素质、技术因素差距越来越小的情况下，心理状态起着至关重要的作用。在对重大比赛失败运动员的调查结果中发现：20%属于技术能力，80%属于心理失常。因此，在现代训练中，对心理训练提出了更高要求。心理训练与专项训练紧密结合，教练员应在运动员做各种专项准备练习中，特别是在完成比赛动作时，有目的地把改进心理调节功能作为心理训练的一个独立的方面，对提高专项训练水平具有重要意义。在多年训练过程中，使运动员始终保持不断提高的愿望，是现代心理训练的主要内容。

（六）智能训练

运动员智能发展水平如何，决定了他在训练中的领会能力和在比赛中的应变及自我发挥能力。智能低下者很难适应高水平的训练和比赛要求。因此，发展运动员的智能，是现代运动训练的重要内容之一。

（七）思想政治教育

运动训练过程是培养人、教育人的过程，因此，在训练中进行思想政治教育是必不可少的内容，使运动员具有高尚的情操，积极地、刻苦地训练，自觉地为国争光。

二、游泳训练的目的任务

游泳训练的目的，是在游泳训练全过程中不断提高运动员游泳竞技能力，在比赛中创造优异运动成绩，为祖国争光。其具体任务是：增进运动员身体健康；提高运动员的专项运动技术、战术水平，并能在比赛中充分发挥，同时提高理论知识水平；培养运动员参加训练和比赛的良好心理素质和品质；教会运动员进行训练的组织和指导工作的基本知识与技能，培养独立的自我训练能力；进行政治思想教育，培养高尚的道德情操、良好的体育作风和顽强拼搏精神。

第二节 游泳健身的训练原则与方法

运动训练原则是运动训练规律的客观反映，是人们在运动训练实践中不断总结经验和吸取教训的结晶，它反映了人们对运动训练过程中客观规律的认识。认识是无止境的，运动训练原则也应是动态的和发展的，只有这样理解和运用运动训练原则，才能在错综复杂的运动训练过程中，掌握运动训练规律，提高运动训练的质量。

游泳运动训练是运动训练的一个分支，具有双重属性，既有运动训练的共同特征，又有游泳运动自身的特征。因此，运动训练原则运用于游泳训练实践，要体现游泳训练的特点，反映游泳训练的规律。

一、一般训练与专项训练相结合原则

人体是一个有机整体，局部功能的优势，建立在人体各器官系统间的相互依赖和共同参与的基础上。一般训练和专项训练属于全面身体训练的两个方面。一般训练旨在全面发展运动员身体素质（运动能力）和提高健康水平。虽然全面身体素质不属于运动专项的特殊运动能力，但它在一定程度上决定了专项运动成绩。如果只进行专项训练，肌体各系统的机能能力得不到加强，而那些对专项直接起作用的系统也不可能得到很大的提高。一般训练提高了肌体功能的总体水平，为专项训练奠定了良好的物质基础。

现代运动训练提出了一般训练专项化、定向化的理论。因此，游泳运动项目的一般身体训练具有与其他运动项目不同的特点。游泳运动员一般训练包括陆地、水上两个方面，陆地如各种跑、各种力量练习和柔韧体操等等，水上包括蹼泳、水球、花样游泳、江河湖海长游等。这些内容发展和改善了游泳运动员肌体供能系统功能，提高了肌

肉力量、柔韧、灵敏、协调性水平和平衡能力，也促进了游泳专项体能的全面发展。

随着游泳运动水平的迅速提高，训练专项化、个体化特征也越来越明显。据统计，近几年世界游泳大赛中，已经很少有人在2～3个项目的比赛中夺取金牌，这表明运动员达到自己的最高水平，也只能在自己的天赋条件所能胜任的项目（主项）上，通过专项训练取得优异成绩。没有专项训练就不可能创造高水平运动成绩，也就不可能在比赛中夺取胜利。因此，专项训练是竞技运动的必然要求。专项训练应在广泛的一般训练基础上深入专项化。专项训练包括比赛练习、专项练习。比赛练习是最完整的专项动作，在完成时尽可能保持与专项比赛条件相同的形式，因此，也是最直接的专项训练，任何手段和方法都不能代替。现代运动训练的特征之一就是运动员比赛次数增加。据统计，世界优秀游泳运动员的比赛练习占全年训练总量的10%～15%。比赛练习又可分为正式比赛、训练比赛，后者又称为测验。比赛练习增多，反映了训练的专项化倾向。但比赛练习也不能代替其他训练，因为比赛练习对运动员提出的特别要求，其作用效果较单一和局限。游泳专项练习应具备三个特征：

（1）完成练习的动作结构（泳式）符合专项特征；

（2）完成练习的运动形式（手、腿、配合游）符合专项特征；

（3）完成练习时的能量代谢特征符合专项要求。

一般训练和专项训练在不同训练阶段，各自的内容也发生相应的变化，反映两者的交替性和转换性。如在初训阶段专项训练就是竞技游泳训练，此时尚未确定主项、副项，而竞技游泳以外的训练是一般训练。随着训练的深入，一般训练和专项训练范围开始变窄，高水平运动员专项训练局限到主、副项训练的内容，而非主、副项训练纳入一般训练或辅助性训练。一般训练和专项训练内容的相对变化使我们能正确理解两者的相互关系，正确区分不同训练阶段两者的属性、形式和性质,有利于调控训练过程。

一般训练的多样性、广泛性和全面性,是以专项运动特点为前提。一般训练练习应在一定程度上反映专项的特征,使练习效应转移到专项中去,也就是训练程度迁移,在训练中要注意不同泳式和长、中、短距离的搭配,高、中、低强度的结合,以及不同方法的结合。而专项训练是以专项运动特点和个体化为核心,要突出专项特点和个体特点,重点发展专项技术、专项能量代谢系统、专项力量和专项心理素质,以适应专项活动需要,同时要发挥运动员个体特点。

一般训练和专项训练的比例及一般训练的内容,在很大程度上取决于长期训练和全年训练的安排。一般来讲,训练早期,一般训练的比重较大,随之专项训练的比重逐渐加大。在全年训练安排中,一般训练的准备期为30%～60%,竞赛期不超过10%～25%。运动员生物改造和专项运动提高,是长期训练的过程,一般训练与专项训练应有计划、有目的、科学系统地安排。

正确处理和科学安排陆地训练和水上训练,明确陆为水用、水陆结合的关系。陆地训练已成为现代游泳训练的重要组成部分,对提高游泳运动成绩有着重要的促进作用,尤其在发展游泳运动员力量、柔韧和协调等身体素质方面效果明显。正因为如此,世界优秀游泳运动员都较大幅度地增加了陆地训练,如20世纪70年代,前苏联游泳运动员每年陆地训练为120小时,80年代340小时。90年代,美国游泳运动员把增加陆地力量练习作为强化训练过程的主要方法。当然,游泳运动员主要是水上训练,游泳速度、耐力主要靠水上训练获得,技术也是通过水上训练掌握和提高,水上训练获得的素质能直接为提高游泳专项水平服务。

二、系统训练原则

训练是一个连续变化的过程,是训练效果积累和生物改造的过程,这一变化过程,依赖于长期的训练。有关研究表明,培养一名世界优

第四章　游泳健身科学化的训练方案

秀游泳运动员，一般需要 6~10 年的时间，经历初级训练、基础训练、取得优异成绩和保持高水平训练四个阶段。而训练的系统性是整个训练过程有机衔接、逐步提高的重要保证。

游泳运动训练是依照全年和长期训练的顺序安排的，各计划、各阶段之间要保持紧密联系，反映训练阶段、训练期的训练特点。基础训练阶段，全面打好基础是训练重点，要注意各素质之间的正、负迁移现象，要注意少年儿童不同素质敏感期的优先发展问题和运动成绩的增长与身体生长发育相适应等等。在专项训练阶段，应在全面训练基础上深入专项化训练，专项训练与一般训练的比重、水陆结合的比例、专项技术与全面技术训练的结合、比赛练习与专项练习及各训练内容逐步专项化等应有目的、有步骤、科学地安排。

训练效果是建立在训练效应积累的基础上。在多年训练中各年度之间，全年训练中各训练期之间、课与课之间、练习与练习之间，都存在训练效应的迁移和积累。俄罗斯训练学家马特维也夫把训练效应分成即刻效应、痕迹效应和练习系统的叠加效应。即刻效应的特征是直接在练习时肌体出现的变化和在练习结束时肌体功能状态中出现的变化，如游泳训练中，负荷后血乳酸值变化和心率变化等等。这些变化反映了负荷的性质和对肌体刺激的程度。痕迹效应是完成练习后遗留的，并根据恢复过程和其他过程（练习所引起）的动态而变化，是训练的后作用，是肌体系统对该练习作用的应答反应。最常用的是运用次日晨脉来评定前一天的训练的后作用（肌体恢复）情况。即刻效应作用了痕迹效应（后作用），这种反复的长期作用和累加，便产生练习系统的叠加效应。随着时间的推移，训练的叠加效应使肌体出现了本质性的适应性变化，即肌体的功能具有提高的可能性，形成和巩固了运动技能，发展了运动能力及其有关的能力。在训练阶段、时期、周、课、练习之间要注意训练内容、方法手段等的衔接。这种衔接体现在前后训练效应的相互作用。首先，后继训练是建立在前一训练阶段、时期、周、课、练习的基础之上；其次，训练效果的传递不是简单的重复，而是对前一训练的深化和提高。

现代运动训练认为，训练与恢复是一个有机的整体。训练是为了提高，恢复是为了更好地训练、更好地提高。负荷—疲劳—恢复—再负荷，构成了现代运动训练的基本模式。基本模式集中反映了人体在训练过程中遵循着生物学的一条重要的规律，即不适应—适应—再不适应—再适应过程。合理安排负荷与休息是系统训练最基本的要求。

在现代游泳运动中，高水平运动员每天训练2~3次，运动训练的不间断性得到了高度的体现，形成了密集的负荷和休息制度。调整和休息是包含在训练过程中的，而不是被动或附属手段，实质上它是一种训练的补充。科学合理地安排训练—调整—休息，能及时消除疲劳，提高训练效果，保证整体训练水平螺旋式上升。训练与调整、疲劳与休息的有机结合应该是积极性地融入训练体系之中，如游泳中主、副项姿势转换训练，调节主项训练引起的局部疲劳，水陆交替，一般训练与专项训练交替，大、中、小负荷结合等等，在训练中都是有效的调节手段与方法，调整要服从训练总体目标，这样才能保证训练的系统和不间断性。

三、合理安排运动负荷原则

运动负荷包括数量和强度两个方面。在游泳训练中，数量是指一年、一周、一天或一次课游泳的总量，包括练习次数、时间、距离总量。而强度是指练习质量，包括计时量、速度。数量是基础、强度为核心，是人们对训练中负荷认识的基本观点。游泳比赛是比同等距离运动员游进的快慢，是比速度、比强度的竞技运动。但强度又是建立在一定负荷量的基础上，两者既相互促进又相互制约。数量的作用是基础性的，引起肌体变化是缓慢而持久的；强度具有专项特征，对肌体刺激作用大，肌体应激反应也大，建立的适应性效应是暂时性的，且易消退。数量与强度相辅相成，互为补充，任何追求单一效应的训练都是不全面的。因此,数量与强度的有机结合,始终是运动负荷安排的难题。当前游泳训练负荷的特征是总负荷高,负荷作用方向的专项化明显。

现代游泳训练运动负荷安排的特征是渐进性增加运动负荷与极限性负荷的统一。追求最大负荷并进行科学安排,是提高运动成绩的有效途径。运动负荷的增加受生物学应激的局限性和负荷对象现阶段水平的制约,是一个动态发展和逐步提高的过程。

负荷安排的合理性体现在两个方面:其一,负荷刺激对负荷对象生理、心理影响是良性的,有利于加快其生物适应能力,即最佳负荷;其二,最佳负荷是相对的,随负荷对象在不同训练阶段的训练任务、身体状态、训练程度的不同而变化。合理安排负荷要明确下列概念并处理好几个关系。

(1) 运动负荷的性质是负荷数量、强度和作用方向,决定着运动员体内适应过程发展的方向、速度和程度。因此,负荷作用方向是合理安排运动负荷必须考虑的又一个因素。任何负荷都存在潜在的作用效应。负荷可分为训练负荷、比赛负荷、一般负荷和专项负荷,这些不同性质的负荷类别,构成了各自不同的主要作用方向,对训练效果产生影响。

(2) 训练负荷和比赛负荷。训练负荷指日常训练课安排的总负荷,比赛负荷指正式比赛和非正式比赛的总负荷(时数)。世界优秀游泳运动员一年比赛高达120~140项次。比赛负荷增加是现代游泳训练的基本特征之一。由于比赛负荷的最大特点是量小强度极高,心理负荷大,并有规则的严格要求,是促进适应性反应和使技术、战术、体力、心理、素质、能力统一起来,以获得规定成绩最强有力的手段,同时也成为提高专项负荷的重要手段。以赛促练、以练促赛,反映了游泳训练中人们对比赛负荷和训练负荷的正确认识,也排除了以赛代练的训练误区。训练负荷相对比赛负荷数量大强度低,且心理负荷不高,具有基础性的训练特征。专项负荷是指负荷符合专项动作协调的基本指标和身体基本机能系统的特点,以及比赛活动特征。它同一般训练负荷的区别就在于完成负荷时技术(泳式)动作的外部形态和动作协调结构的性质,肌肉活动的特点和植物性机能的反应特征限制在专项特征的狭窄区域内。普拉托诺夫认为:"训练过程的效率不仅取决于专项负荷,而且取决于专项负荷与非专项负荷(一般性和辅助性的负荷)的结合情况,在长期训练不同阶段上利用全部多样化手段,是决定训练过程有效程度的一个决定性因素。"

负荷作用方向还反映在对能量系统的影响,发展不同的供能系统功能取决于负荷的结构,包括距离、速度、重复次数、间歇时间、休息方式,根据能量系统分类安排训练计划和运动负荷是游泳训练的趋势。

(3)游泳负荷。除了具有数量、强度、距离、时间密度等一般特征外,还有陆地、水上之分,有不同姿势之分,分解与配合泳之分,这些因素对游泳负荷都构成影响。陆地与水上训练的交替与转换,不仅反映在训练内容上,而且反映在负荷上。如陆地力量训练的负荷一般要高于水上训练,但心肺功能的影响不如水上训练,而且陆地训练负荷大多是属于一般训练或辅助训练负荷;而水上训练负荷从游泳角度上讲,属于专项负荷,又可从主项、非主项来区分负荷的特征,不同姿势分解游、配合游等负荷性质,作用方向都不相同,构成了游泳运动负荷的多样性和多重性。因此,世界优秀游泳运动员运动负荷中陆地、水上、不同泳式、技术动作分解与配合等的比重和搭配方式,所表现出的负荷特征,是合理安排游泳运动负荷的另一种艺术。

(4)负荷发展的基本要求是小、中、大负荷有效结合,负荷与休息交替,保证负荷的增长发展趋势。负荷发展动态变化的基本形式主要有平稳上升型、阶梯形和波浪形三种。三种负荷动态形式,反映了训练对负荷的要求。平稳上升型增加负荷使运动员容易对负荷适应，并能巩固训练程度，适合早期训练和年度训练计划中的准备期；而阶梯形能强化训练程度的发展，引起肌体中出现深刻的适应性改造，一般用于强化训练；波浪形是常用的负荷动态变化形式，最能反映负荷大、中、小动态变化的特征，使渐进增长和跳跃型增长与定期相对降低负荷自然结合起来，从而能保障快速地发展训练程度，而不易出现训练过度的现象。波浪形负荷动态发展形势，既适应于长期训练负荷安排，也适应于全年各训练期的负荷安排，合理安排训练负荷体现在小周期中的负荷动态与训练中周期、大周期的典型负荷趋势之间保持吻合。

四、周期性训练原则

训练、比赛构成了运动训练的两个基本要素，也是运动训练的基本规律之一。训练的周期性实质在于系统地重复各个完整的训练单元，始终对应于主要的比赛活动。因此，训练就应遵循保障运动员通过训练获得最佳的准备程度来安排。在训练年度中合理地划分全年训练周期，科学地安排各周期的任务、内容、负荷、方法与手段及训练各参数、比重等，对运动员在比赛中保持最佳状态和创造优异成绩有着直接的作用。

训练周期是由训练过程的环节和时期（课、阶段、期）组成的，是一个相对完整的系统和可重复的序列。这种重复和循环应该是递进式的，螺旋上升式地进行，并通过新的或强化的训练内容、负荷、方法与手段，训练各参数、比重的改变，使运动员不断地在新的、更高的训练基础上，提高训练水平，创造优异成绩。

为适应现代游泳竞赛活动，全年训练周期划分发生了很大的变化，形成了多周期训练理论，从传统的单周期和双周期模式转变成了把全年训练划分为 3~5 训练周期，以适应全年多次参加比赛的需要。我国自 20 世纪 80 年代后期开始也采用了多周期训练，将全年训练分为 3~

4个周期。多周期训练的主要特点是周期跨度短，最长10~15周，训练容易控制，又能有效地提高训练强度和训练效益，不易使运动员在训练中产生疲劳积累，便于在重大比赛中达到最佳竞技状态。周期化训练应注意以下几个问题。

（1）周期的划分和周期结构的设计要依据全年比赛任务确定。全年划分几个训练周期，不能脱离长期训练计划中各年度训练的总框架。在少年儿童基础训练时期，全年训练安排一般为1~3个周期；进入专项训练阶段后，全年训练可划分3~5个周期。目前，绝大多数国家以奥运年为依据，制订世界优秀游泳运动员长期训练计划时，各年度训练周期的划分也不一致。一个训练周期的构成，即周期结构，应以专项运动能力和竞技能力的发展为依据设计，由训练期、竞赛期、恢复期等中周期组成，各中周期又由小周期（周计划）组成。

（2）各训练周期必须系统地重复训练各个主要部分的内容，也就是核心训练。重复即强化，以保证训练的主要方向和目标的实现，并根据比赛要求，不断提出新的训练要求和确定新的训练任务。

（3）结合各周期的训练任务、内容、负荷指标和作用方向，选择和安排各种训练手段与方法，确定训练各参数和比重。训练手段与方法具有"时空效应"特征，即训练手段与方法的效果，受作用对象的身体状况、使用地点和时间的影响。同时，要调节各训练周期的运动员负荷参数、运动负荷作用方向，使负荷的动态发展符合超量恢复原理；负荷作用方向符合各能量物质恢复的异时性特点，使总负荷满足专项训练的需要。

（4）注意各周期间的紧密衔接。各个周期的任务都受全年训练总目标的约束，任何一个周期、一个阶段的训练安排都应看作是与它的年训练结构形式处于互相联系之中。各个训练周期、各个训练阶段的训练任务、内容、负荷动态变化、训练方法与手段等之间，既有联系又有区别，既是必要的重复又是训练的深入和强化，构成一个有机的整体，使运动员在全年训练过程中保持良好的训练状态，在全年主要比赛中保持最佳竞技状态。

五、区别对待原则

现代训练的极端个体化，是区别对待原则在训练中运用的集中体现。运动训练是不断把运动员生物、心理活动推向极限的过程，运动员个体情况对训练效果的影响极为突出。因此，在运动训练过程中，要根据运动员的个人特点，科学地确定训练任务、内容与方法、手段和运动负荷。实际上，现代训练专项化、个体化特征，不仅反映在运动员个体间身体差异对训练效应的影响，而且还反映在运动员个体间不同专项之间的训练特点对训练效果的影响。

在训练过程中，运动员的个体差异随训练深化而反应得越突出。运动员个体差异主要反映在两个方面。

首先，反映在运动员个体之间。运动员身体生长发育水平程度、身体形态、机能健康状况、性别、智力水平、心理素质、训练因素及社会背景等不同，都影响着训练的全过程。在训练中我们不应只注意共性而忽略个体的特殊性，只有在训练安排符合运动员个体的具体情况和要求的前提下，训练效果才能体现出来。尤其在高水平运动员训练阶段，这种训练计划的极端个体化更为明显，如游泳技术训练、个人技术风格、个体主项优势等等，都体现了个体显性指标和潜在指标的差别。在早期训练阶段中，运动员主项的选择和确定，就是教练员对运动员个体运动潜力的诊断和预测。特别是训练内容、运动负荷、心理训练的安排，应使全队共性计划与运动员个体计划紧密结合。同样，区别对待还反映在训练后的恢复、营养计划等方面。

其次，反映在运动员个体的动态发展方面。运动员生理、心理活动是变化的，训练水平也随训练程度的加强而提高，因此，区别对待原则的运用也应是动态的和发展的。由于个体的动态发展必然导致个体差异的时间序列变化，使训练的整个过程都处在不断认识运动员的过程，所以说运动员训练状况、比赛活动是制订、修正和变换训练各类计划的两个根本依据。

少年儿童游泳运动员年龄和生物发育对训练影响极大，不同年龄阶段训练因素的可变性及其规律、素质优先发展等影响训练的效果。在这一时期，训练中考虑运动成绩的提高与运动员身体发育、心理发展相适应极为重要。进入成年阶段，影响训练效果的因素主要反映在训练结构的个体差异和专项化程度的水平上，最大限度地激发潜力、发展和提高运动能力是训练的核心。

深入了解和正确评价运动员个体特点，及时发现运动员训练中的主要矛盾，决定着训练计划制订和实施的有效性。在制订训练计划时，首先，要深入了解和建立运动员训练档案，其次，要在训练的不同时期和阶段选择典型指标定期测试，掌握运动员训练水平变化情况，评定训练水平。

第三节 游泳健身的训练计划制订

训练计划是对未来的训练过程预先做出的理论设计，是在状态诊断的基础上，为实现目标状态而选择的状态转移方法。"凡事预则立，不预则废"，计划就是"预"的一项重要内容，是运动训练过程中的重要决策之一。

通过运动训练计划的制订，把训练过程的目标具体化为若干独立而又彼此联系的训练任务和形式，进而更具体化为若干按特定要求进行的练习。运动员逐一地去完成这些练习，逐一地去实现各个课次形式的训练任务和要求，一步步地逼近和完成训练的总目标。

训练计划有长期的、年度的、阶段的、周的和课的几种。在制订计划时，要划分训练阶段和安排具体计划的主要内容与手段。

一、制订游泳计划所需的基本原理

（一）训练的原理

渐增的超负荷——承担比平时更强的运动强度，持续进行，人的身体机能就会对其产生适应。这样，随着体力水平的提高，不断地增加其运动负荷。

1. 持续性

训练不会立即产生效果。要使身体的机能适应外来的刺激，需要一定的训练时间。

2. 个别性

明确训练目的，进行适合个人的训练，训练的计划必须与每个人的体力、竞技水平、性别、年龄相适合。

3. 全面性

如果训练的强度相同，又总是刺激同一部位的话，是很难产生好的效果的。通过轻度运动、强运动、特强运动，使用器械运动等多样的训练，给身体施以多种刺激。只有全面而平衡的训练，才会取得理想效果。

4. 意识性

为提高水平，竞技者需要有意识地独立训练，只有掌握好计划，进行良好的自我控制等主体训练，水平的提高才会有可能实现。

5. 恢复性

通过计划中的休息，可使身体得到恢复，补给能量，适应能力也会提高。为使疲劳得以解除，需要24~28小时的休息恢复。

（二）训练的基本是超负荷

训练的过程中，渐增的超负荷是提高训练效果的最重要原则。为提高训练的效果，应根据体力状况，一点点地增大负荷，不断地给以身体刺激。负荷过重，便成了超强度工作或超强训练，训练的效果反而会下降。但负荷若太少,也不会产生什么效果。所以,在具体的年、季应在训练计划中引入渐增的超负荷。

二、各类游泳训练计划参考

(一) 训练计划一

科学的训练计划非常重要。在这里通过一些训练计划范例,进一步解释制订训练计划的规则,希望从中得到一些启发并找到一些依据,来科学地制订适合你自己的训练计划。一般地,根据比赛的时间安排,可以被分为两个大的训练周期,夏季周期和冬季周期。一个大训练周期又可以被分为几个阶段或者叫作中训练周期,每个中训练周期都有一个明确的训练重点。下面我们所列举的这些范例,就是从每个中训练周期中节选出的一个小训练周期,通常为一个星期。小训练周期中的任何一组练习的目的都应该与中训练周期相统一,其训练负荷和恢复也应该符合中训练周期的训练安排。训练计划反映出训练思想。但是,在训练计划的制订上没有任何绝对的家传秘方,再高明的教练制订的训练计划也不可能适用于任何一个人,不可能保证每个人都能成功。只要在制订训练计划的过程中,能够正确应用我们所提到的那些原则,即使是形式上有些变化,也是一个结构科学的、好的训练计划。

这些计划中的训练负荷及其休息时间都是根据中等运动能力制订的,所以对于某些水平较低或较高的运动员,很多训练计划的细节还需要做些调整。比如,可以根据实际情况对其中的重复次数或者是休息时间做一些调整。这些具体的训练负荷及其强度都是可以根据实际情况自由安排的。而且对于训练后的结束部分或者叫作调整时期,我们并没有很详细地列出,这要根据每个人的身体状况及其运动能力来掌握,确定其形式和数量。

下面所列举的这个冬季大训练周期的训练计划,是由印第安纳大学游泳队制订的。在25码的游泳池中,训练从上午11时一直持续到下午,虽然它看上去很复杂,但是冬季大训练周期训练计划无非包括两部分,准备期和比赛期。一般准备从9月到11月,特殊准备期从12月到1月,赛前期在2月,主要比赛期为3月和4月,赛前减量期从4月下旬一直延续到5月中旬。而从冬季向夏季过渡的时期,也只不过是几天的恢复时期,在这期间,一般不进行水中练习。

1. 一般准备期的训练计划

周一:提高有氧能力,在主要部分训练中要注意控制节奏。

训练总量:3100米。

一般热身运动:200米热身游,200米打水,200米划水,200米游。

特殊热身运动:4×100米,每次1分45秒。

主要部分:4×200米,每次3分15秒,并加快速度;4×100米,每次1分45秒,并降低速度。4×50米,放松游。

结束部分:10×50米,每次1分钟,交替进行打水和划水练习。

周二:保持有氧能力,侧重于打水和划水技术。

训练总量:3000米。

一般热身运动:800米热身游,形式及速度自定。

特殊热身运动:4×50米划水,每次1分钟;4×50米打水,每次1分钟。

主要部分:300米两种划水方式游;4×50米打水,每次1分钟;4×50米划水,每次1分钟。200米两种划水方式游;4×50米打水,每次1分钟;4×50米划水,每次1分钟。100米个人接力,每次1分钟;4×50米打水,每次1分钟;4×50米划水,每次1分钟。

结束部分:200米放松游。

周三:提高有氧能力,这是一个特殊的"生日练习"。

一般热身运动:850米热身游。

主要部分:45岁×50次,每次45秒(一个生日练习)。

注:生日练习是联合会内的一个多年沿袭下来的习惯。也就是任

何一个运动员过生日的那一天，其训练的主要部分即是：年龄数×50，每次完成的时间规定也是他的年龄数。因此，这个训练计划就是一位45岁的运动员生日那天的训练量。

周四：保持有氧能力，中等速度，大量打水和划水练习。

训练总量：3000米。

一般热身运动：800米热身游。

特殊热身运动：4×50米打水，每次1分钟；4×50米游，每次45秒。

主要部分：400米游；4×50米打水，每次1分钟；4×50米划水，每次50秒。2×200米游，每次3分钟；4×50米打水，每次1分钟；4×50米划水，每次50秒。4×100米游，每次1分30秒；4×50米打水，每次1分钟；4×50米划水，每次50秒。

结束部分：4×50米打水，每次1分钟。

周五：提高有氧能力，主要部分采用倒梯形训练法。

训练总量：3500米。

一般热身运动：800米热身游。

特殊热身训练：10×50米划水，每次50秒。

主要部分：500米游，在7分30秒内；400米游，在6分钟内；300米游，在4分30秒内；200米游，在3分钟内；100米游，在1分30秒内（在倒梯形训练中逐渐提高速度）。

结束部分：10×50米打水，每次1分钟；200米放松游。

周六：恢复体力停止训练。

周日：提高有氧能力，中等训练强度。

训练总量：3200米。

一般热身运动：200米热身游，200米打水，200米划水，200米个人接力。

特殊热身运动：8×50米，每次45秒。

主要部分：3×200米，每次3分30秒（逐渐提高速度）。3×100米，每次2分钟，采用蝶泳、蛙泳、Pac-Man训练法。4×100米，蝶泳、蛙泳、仰泳练习。

结束部分：200米放松游。

注：Pac-Man训练法指的是第一个100米，25米划水，75米自由泳；第二个100米，50米划水，50米自由泳；第三个100米，75米划水，25米自由泳；第四个100米，全部做划水练习。在练习过程中，蝶泳的训练量越来越少。

2. 特殊准备期的训练计划

特殊准备期的训练一般在1月进行。这一阶段的训练重点则转向了力量的发展，其中包括一些大强度训练、更多的短冲练习。但也没有放弃有氧能力的提高。这一周期的训练规律为：提高有氧能力、保持发展力量、保持有氧能力、力量恢复。

周一：提高有氧能力，大强度练习。

训练总量：3200米。

一般热身运动：800米热身游。

主要部分：2×（5×100米），每次1分45秒，整个过程中保持均匀速度，可在第二组练习中加入划水练习。2×（2×200米），每次3分15秒；2×100米，每次1分45秒。每组第一次游要全力游，第二次可稍放松。

结束部分：200米放松游。

周二：保持有氧能力，在4×100米游中全力游并加入打水练习。

训练总量：3000米。

一般热身运动：800米热身游。

特殊热身运动：4×50米打水，每次1分钟。

主要部分：2×200米，每次3分钟。4×50米打水，每次1分钟；4×100米游，每次1分50秒（全力游）。4×50米打水，每次1分钟。

8×50米游,每次1分钟(1~4,5~8均匀加速,第四次和第八次速度最快)。4×50米打水,每次1分钟。

结束部分:200米放松游。

周三:力量练习,200米游按照比赛时的速度进行。

训练总量:3200米。

一般热身运动:800米热身游。

主要部分:4×50米,提高速度练习。5×200米分段练习,每次3分钟;200米分段练习速度稍慢,每次3分30秒,100米后休息20秒,150米后休息10秒。

结束部分:200米打水。

周四:保持力量,稍稍恢复体力。

训练总量:3100米。

一般热身运动:900米热身游。

主要部分:300米游,4分15秒;2×150米,每次2~2分15秒;4×75米,每次1分15秒。300米打水。

结束部分:4×50米个人接力,每次1分钟。

周五:提高有氧能力,快速间歇性训练。

练习总量:3400米。

一般热身运动:200米热身游。

特殊热身运动:5×100米,每次1分40秒。

主要部分:4×100米,每次1分25秒。6×100米,每次1分40秒。3×100米,每次1分20秒。4×100米,每次1分40秒。3×100米,每次1分15秒。5×100米,每次1分25秒。

结束部分:200米放松游。

周六:力量练习,大强度训练。

练习总量:3100米。

一般热身运动:800米热身游。

特殊热身运动：8×50 米打水，每次 1 分钟。

主要部分：100 米中等强度，每次之间休息 10 秒；100 米大强度，50 米中等强度，每次之间休息 20 秒；50 米中等强度，每次之间休息 10 秒；50 米大强度，每次之间休息 20 秒；50 米放松游。

结束部分：10×50 米，每次 1 分钟（每 25 米放松游与大强度交替进行）。

周日：恢复体力不训练。

（二）训练计划二

根据个人水平不同分小队训练，实际练习时调整训练计划。

（1）陆地热身操运动 10 分钟。

（2）200 米拉火车：匀速游，在此项目中动作尽量拉开，蝶、仰、蛙、自由游都各游 50 米，目的是让胳膊、腿、腰、关节活动开。

（3）2×100 米技术游：训练一开始时体力最充沛，也是热身刚完成的时候，此时进行技术训练是最佳时间。

（4）6×100 米或 7×100 米或 8×100 米速耐游：是同时对速度与耐力的要求且提高心肺功能、提升有氧运动效果的训练项目，最好做到每个完成时间以及休息时间相等。

（5）4×25 米冲刺游。接力比赛，接力 4 人一组。

（6）100 米放松游。

可选项一：

有游泳板的：100×3 米蹬腿、100 米蛙泳蹬腿、100 米自由泳蹬腿、100 米蝶泳蹬腿。

可选项二：

无游泳板的：500 米自由泳。安排具体计划的主要内容和方法。

二、游泳训练计划的分类

游泳训练计划是对未来游泳训练过程预先做出的理论设计，它具体描绘运动员以现实状态向目标状态实现转移，对游泳训练工作来说，具有战略性和现实性指导意义。

训练计划的制订和实施,是运动训练过程的中心环节,贯穿于教练员和运动员的全部训练实践活动之中。根据不同的标准和要求,可以对游泳训练计划进行不同的分类。按训练的阶段、时间跨度,可将其划分为长期训练计划、年度训练计划、大周期训练计划、周训练计划及课训练计划。每一个上任的训练计划都是由若干个下位的训练计划组合而成,如长期训练计划由二至十几个年度训练计划组成、周训练计划由若干个课的训练计划组成等等。

长期训练计划及年度训练计划主要用于系统地安排较长时间的训练,属于远景规划。大周期计划属于中期计划。这些计划的内容都是框架式的,不要求解释和过于详尽,它在实施过程中要求相对稳定。周训练计划与课训练计划是训练实施的具体计划,它要求制订得非常具体和详细,但在训练实践的执行过程中,又具有多变性,需要调整、修正等等。各类训练计划,根据各自所处的位置有着不同的基本任务。见表4—1所示。

表4—1 运动训练计划的分类及其基本任务

训练计划类型		时间跨度	基本任务
长期训练计划	全程性	10~20年	系统培养高水平选手
	区间性	2~6年	完成阶段性训练任务或准备参加一轮大赛
年度训练计划	单周期	6~12个月	准备并参加一次或一组重要比赛
	双周期	每个周期4~8个月	准备并参加两次或两组重要比赛
	多周期	各周期2.5~5个月	准备并参加三次或二组以上的重要比赛

续表

训练计划类型		时间跨度	基本任务
大周期训练计划	准备期	5~20周	提高运动员竞技能力
	比赛期	3~20周	参加比赛，创造好成绩
	恢复期	1~4周	促进心理、生理恢复
周训练计划	训练周	4~10天或3~20次课	提高运动员竞技能力
	比赛周		参加比赛，创造好成绩
	恢复周		促进心理、生理恢复
课训练计划	综合训练课	0.5~4小时	综合完成多项训练任务
	单一训练课	0.5~4小时	集中完成一项训练任务

（一）长期训练计划

训练实践与理论研究都证明，要培养出一名高水平的优秀运动员，必须经过长期系统、科学的训练。为保证长期的训练能取得理想的效果，就需要制订相应的长期训练计划。长期训练计划是指时间跨度为二至十几年范围内的训练计划。按训练计划的时间跨度与运动生涯的相互关系，又可以分为全程性与区间性两种不同类型的长期训练计划。

1. 全程性长期训练计划

全程性长期训练计划，是运动员从初学游泳开始，到个人最佳竞技水平，直至停止训练的整个训练过程的设计与规划。全程性长期训练计划通常划分为游泳基础教学阶段、基础训练阶段、专项提高阶段、最佳竞技阶段和保持竞技水平阶段。每个阶段主要任务如下：

（1）游泳基础教学阶段

6~8岁儿童，教学训练2~3年。主要训练任务：

①培养孩子学习游泳的兴趣；

②增进健康，促进身体全面发展；

③学习四种泳式，着重抓好基本动作。

（2）基础训练阶段

男子 9～13 岁，女子 9～12 岁，训练年限 4～6 年。主要训练任务：

①增进健康，促进身体素质全面发展；

②打好四种泳式正确技术和出发、转身及冲刺触壁技术基础；

③11～12 岁时，水上注重发展有氧代谢能力，使耐力水平有较大幅度提高；

④发展动作速率、协调能力和相对力量素质；

⑤注重基础训练，使运动水平自然增长，不追求单项成绩的拔高。

（3）专项提高阶段

男子 14～17 岁，女子 13～15 岁，训练年限 3～4 年。此阶段在进一步打好全面基础之上逐步强化训练。主要训练任务：

①以全面运动素质为基础，提高专项素质；

②全面提高四种泳式技术水平，较熟练地掌握现代游泳技巧，并初步确定主项；

③进一步提高有氧代谢能力及有氧和无氧混合供能能力，要求在中长距离上有较好的表现；

④在全面力量素质发展的基础上，提高专项力量素质；

⑤提高心理素质水平，积累比赛经验。

（4）最佳竞技阶段

男子 18～21 岁，女子 16～19 岁，训练年限 4 年左右。此阶段在长期系统训练的基础上再强化训练，使运动员逐步达到最高竞技水准。主要训练任务：

①在全面身体训练的基础上突出专项力量素质；

②进一步完善主项游泳技术以及出发、转身和冲刺触壁技术；

③强化训练，提高专项竞技能力；

④不断改善心理素质水平和自我控制能力；

⑤多参赛，并在大赛中表现出最佳竞技水平。

（5）保持竞技水平阶段

男子22～25岁，女子20～23岁，训练年限3年或更长的时间。随着游泳科学训练水平的提高、训练的恢复手段以及社会保障条件的改善，世界优秀运动员的运动寿命普遍延长，在达到最佳运动水平以后仍能继续保持一段较长的时间。主要训练任务：

①保持全面身体训练和健康水平；

②保持和进一步完善游泳技巧；

③适当减少运动负荷量，保持或提高负荷强度；

④保持柔韧性，加强专项力量素质；

⑤训练安排上更要注意掌握好练与调的节奏，疲劳积累不宜过深。

2. 区间性长期训练计划

长期训练全过程中的每一个特定的时间区域，都构成一个区间，对两年以上的一个特定时间的训练过程的设计，就称为区间性长期训练计划，如奥运会之间4年的训练计划、基础训练阶段4～6年的训练计划、专项提高阶段3～4年的训练计划等等。

区间性长期训练计划是全程性长期训练计划的一个补充，可以计划得更细、更具体些。在制订运动员的区间性长期训练计划时，必须服从于全程性长期训练计划的总体要求，同时要注意各个阶段之间的有机衔接。

3. 全程性长期训练计划阶段的划分

（1）按年龄划分

实际上有许多游泳运动员开始训练的年龄很早，还有许多运动员半路出家，始训年龄较晚。例如，从3～14岁学游泳，都有创优异成绩的实例。3～4岁开始训练的优秀运动员有霍兰、古尔得、马丽·马尔、埃文斯等等；14～15岁才开始练游泳的著名运动员有蒙哥马利、盖恩斯、沃格尔等等。因此，如按年龄划分，则对始训早和始训晚的运动员的阶段划分都带来困难。由于开始练习游泳的年龄差异很大，有时相差11~13岁,如果生硬地只以年龄划分运动员成材的自然过程,把从事游泳训练的运动员限制在一个年龄范围内,会在一定程度上阻碍游泳水平的提高。

(2)按年限划分

按年限划分可以解决始训年龄差异的问题,但解决不了运动员运动水平进步快慢带来的差异问题。有的运动员在基础训练阶段进步快,有的运动员在专项提高阶段进步快,有的运动员则在达到最高水平的整个过程中进步都很快。例如,赖尼施14岁夺取奥运会女子100米、200米仰泳和4×100米混合泳接力冠军,并创造了世界纪录;霍兰15岁创1500米世界纪录。有的运动员达到最高水平的整个训练进程较慢,到24~26岁时才达到最高水平。例如,1983年泛美运动会,女子100米蝶泳冠军里涅尔,当时26岁,游出了她的最好成绩59.63秒,排名当年世界第一名;1985年25岁的博格米洛娃获奥运会金牌。所以,以年限划分游泳训练阶段,也存在不科学的因素。如机械地按年限划分,在某种程度上,会限制运动成绩进步快的运动员的发展,会断送运动成绩进步慢、大器晚成运动员的运动生涯。

另外,运动成绩的进步快慢,还有男女性别的差异。主项为不同项目的游泳运动员达到运动成绩高峰的时间也不同。

(3)按综合指标划分

它是以年龄、年限、运动成绩的共同指标进行综合分析,最后确定运动员所处训练阶段的归属问题。例如,初训年龄6~8岁或更低的运动员,其训练阶段的划分应从年龄和成绩二者的关系进行考虑,确定其所在训练阶段。另外,如是半路开始训练的运动员,其年龄较大,则该运动员训练阶段的划分,要从训练年限和运动成绩两方面去考虑,如该运动员已达到二级水平,则可在较短的基础训练时间后就进入专项提高阶段的训练。根据受训年限及运动成绩确定何时进入下一阶段的训练安排,如超过训练年限,还不能达到健将水平,则可考虑是否有前途的问题;如提前达到健将水平,则可提前进入最佳竞技阶段的训练。

(二) 年度训练计划和大周期训练计划

1. 年度训练计划

为保证长期训练计划的逐步实现,以一年的时间跨度为周期而制订的训练计划,就是年度训练计划。年度训练计划是长期训练计划的一个组成部分,是在长期计划所确定的基本方案的基础上,结合上一年度执行计划的情况和当年的主要任务来确定年度计划的内容。根据每个训练年度在长期训练过程中的地位和具体的训练任务,可以把年度训练计划划分为基础训练阶段的年度训练计划、专项提高阶段的年度训练计划等等。每个年度训练计划又由一个或若干个大周期计划组成。

年度训练计划也是一个框架式的计划,训练负荷、训练手段、训练内容、训练方法等问题,应避免与下面的周期计划内容重复,其重点是安排年度训练周期的划分,并作必要的说明,力求简单明了。

2. 游泳年度训练计划中大周期的划分

通过训练,运动员的肌体对适度训练负荷产生生物适应现象,从而使肌体的能力不断提高。根据竞技状态形成的规律与运动员竞技状态的形成、保持和消失三个阶段相对应,在进行训练时分别组织训练期或称准备期、比赛期、恢复期或称过渡期的训练,并把这一循环称之为一个训练的大周期。

训练期,是为了保证获得竞技状态而尽力提高运动员肌体机能能力的时期。比赛期,是为保持竞技状态创造条件,并将运动员在前一段训练过程中所提高的肌体机能能力运用到比赛中去的时期。恢复期,为使长时间经受大负荷训练及参加比赛而疲劳的肌体得以恢复,而安排的轻松愉快的、降低训练强度的调整恢复训练,以保证下一训练过程运动员肌体能承受运动负荷进一步提高的安排。

依重要比赛的次数及时间和欲出现竞技状态高峰的频次，年度训练计划可分为单周期、双周期和多周期三种类型。游泳年度训练多为双周期和多周期。20世纪80年代以来，我国高水平游泳运动员的年度训练计划都采用多周期。每个大周期训练都围绕特定的比赛，在全年总的训练思想指导下，逐步使运动员的竞技状态升级，在最重要的大周期中使运动员达到最佳竞技状态。

在多周期的年度计划中，每个大周期都包括训练期、比赛期、恢复期三个时期，其训练目标和特点是相同的。但在训练实践中，由于各大周期的时间不同，在安排上也存在一定的差异。

3. 制订年度训练计划要注意的问题

（1）优秀游泳运动员的训练经验证明，可采用各种各样的方法安排年度训练计划。采用哪种方法安排训练，取决于每个国家采用的比赛制度、各游泳学校和游泳中心的习惯、优秀游泳运动员积累的训练经验、对优秀运动员个人特点的分析和判断。

（2）对全年训练进行分析、总结很重要，目的是总结经验教训，使教练员在训练运动员的过程中，能进行更有效的创造性劳动。

（3）在年度训练计划中，训练周期的划分，必须概念清楚、具体，应以训练的目的任务来划分。

（4）训练周期的划分，必须考虑竞技能力提高的规律及竞技状态形成的规律。

（5）应注意训练目的、任务的连续性及阶段性，注意训练负荷的循序渐进性。

（6）应注意训练安排和比赛日程之间必须有一个最佳的时间匹配关系，保证在周期的期间内，最大限度地提高竞技能力，并保证在比赛时将竞技状态调整到最佳状态。

（7）应注意适当安排运动员机能能力恢复的任务周期，以防止肌体过度疲劳的出现。

(三) 周训练计划

周训练计划是根据大周期训练计划的目标和所在时期的训练任务制订的。人们把它作为组织训练活动的基本单位。周期学说中的小周期基本上也是一周时间,但为了比周训练周期更为灵活,时间可在4~10天之间,所以周计划也就是小周期计划。通过周计划使大周期计划内容更详细具体,尤其是要有节奏地安排每周训练中各次课的运动量、强度、密度。周训练计划的结构和内容不仅决定训练过程的方向和性质,而且制约运动员形成竞技状态的速度和规模,因此,周计划是教练员制订训练计划中最重要的内容之一,是决定全年训练过程,乃至长期训练成败的关键。

周训练计划是具体实施计划。周训练计划具体可分为准备阶段周计划、有氧耐力阶段周计划、无氧耐力阶段周计划、赛前训练周计划、比赛期周计划和恢复期周计划,其中前三类都属于准备期,即训练期的周计划。

1. 准备阶段周计划

准备阶段周计划的目的,是完成一般身体准备,改善技术,提高身体能力,为后一阶段的训练打下良好的身体训练基础。

在准备阶段的周训练计划中,强调一般身体训练与专项身体训练的密切结合,基本技术与专项技术的密切配合,基础速度(力量、技术)和一般能力(心血管循环系统)的密切结合。数量逐渐加大,强度适中。训练内容依重要性顺序排列为:技术—力量—速度—有氧—无氧。

2. 有氧耐力训练阶段周计划

有氧耐力训练阶段周计划的目的,是增大训练量,提高肌体有氧代谢水平,包括心血管系统和肌肉耐力系统,为以后的专项训练阶段打下扎实的有氧耐力基础。

在这一阶段的周计划安排,是以无氧阈水平的有氧耐力训练和有氧无氧混合性负荷为重点,辅以一般有氧训练课,数量达到这一阶段的最大值,强度逐渐增加。

3. 无氧耐力训练阶段周计划

无氧耐力训练阶段周计划的目的,是逐渐升高训练强度,训练更为专项化,重点发展运动员的无氧耐力水平,即专项耐力,提高与完善专项技术,以有氧、无氧混合性训练负荷为重点,强化专项力量和力量耐力水平,渗透高强度的比赛速度游。

近年来,在为重大比赛准备的无氧耐力训练阶段多采用高原训练方法。为形成高原训练对运动员肌体的良性刺激,增大训练效益,一般采用两天一循环的方法,反复循环 7~8 次,实现运动能力的整体突破。

4. 赛前训练阶段周计划

赛前阶段训练周计划的主要任务,是使运动员的肌体适应比赛的要求和条件,把在前一阶段训练过程中所获得的各个方面的竞技能力,集中到专项所确定的方向中去,以便使运动员能充分发挥所获得的竞技能力,创造优异成绩。赛前周计划在负荷量上逐渐减低,并稳定在一个适宜的水平上,突出专项强度,注意将不同的训练内容合理交替,强化比赛意识和比赛速率的训练。

5. 比赛期周计划

比赛期周计划的任务,是为运动员在各方面形成最佳竞技状态做直接准备和最后调整参加比赛,创造优异成绩。

根据超量恢复的集合安排原理,即通过科学的设计,使肌体各个方面负荷后的超量恢复阶段都在同一时间内出现,使运动员从生理到心理上都处于最佳状态。

6. 恢复期周计划

恢复期周计划的任务,是通过降低运动负荷,减少专项活动时间,以及采取各种恢复措施,消除运动员生理和心理的疲劳,以求尽快地实现能量物质的再生和储备，为进入下一周期训练做好准备。

一般采用每天一课的宽松训练结构。减少游泳训练时间，增加一般性的身体练习，如陆上活动等等。多采用兴趣大、对肌体刺激相对小的练习，以尽快调节运动员的身体和心理状态。

(四) 课训练计划

课训练计划，是指教练员为一次训练课而制订的全部实施内容和指标。课训练计划是所有计划最基本的组成部分，不论是周训练计划、大周期训练计划、年度训练计划，还是长期训练计划，都必须通过一次次训练课连续的组织和实施来逐步实现，所以课训练计划制订得是否科学、合理，是所有计划能否达到目的的关键。课的训练计划根据周训练计划制订，它是现实的、具体的、详细的训练任务、训练内容、手段与方法实施的具体体现，它又必须根据运动员的实际情况进行调控，具有复杂、多变的特点，但它又必须符合客观实际，才有利于提高训练效果。根据训练课的主要任务和内容，可以把训练课分为体能课，技术课，综合课，测验、检查和比赛课等等。

1. 课训练计划的结构和内容

训练课的结构通常依次由准备部分、基本部分和结束部分组成。课时训练计划的内容，从各地自行设计的教案来看，有一些差别之处，但大同小异。内容主要有任务、任务重点、运动负荷、训练内容、训练手段与方法、时间、指标统计、课后小结等等。

2. 课训练计划格式

课训练计划的格式问题，各地方有一些差异，但主要内容，像本课任务、训练内容、课后小结等是必有的，其他一些统计指标和监控指标，可根据实际情况进行设定。表4—2是一份游泳课训练计划格式示例，供参考。

表4—2 游泳训练课计划

| 队 | 组 | 全组 | 人 | 训练人数 | 年 | 月 | 日 |

任务				总时数	
				总游量	
				计时量	
				陆上训练时数	
部分	时间	训练内容	训练方法与要求		
小结					

3. 制订课训练计划应注意的问题

（1）训练课的主要任务是执行周训练计划中制订的任务重点，其他任务要围绕任务重点来安排，要根据运动员的具体现状予以确定。但主次一定要分清，不可主次颠倒，以至影响到训练内容安排的比例。

（2）训练课的内容要根据训练课的主次任务的关系来确定相应内容的比例。例如，课的主要任务是有氧代谢，次要任务是无氧代谢和混合代谢，根据这一任务，在训练内容的制订上，有关有氧代谢的训练内容所占比例就应多些，而无氧代谢和混合代谢的有关训练内容相应所占比例就应少些。究竟应该各占多大比例，这就要根据运动员的实际情况、教练员的经验，以及训练所处的时期等因素去具体考虑比例的安排问题。

（五）训练计划的变更规律

运动训练过程受多方面因素的影响，这些因素又都处于不同的运动变化之中，训练的直接作用则首先反映在运动员竞技能力的变化上。每一既定时刻运动员竞技能力的即时状态,既是上次训练的结果,又是继续训练的出发点。竞技状态水平既受着训练因素的影响,又受运动员情绪、社会交往等心理、社会因素的影响;既受训练条件、场地、气候等环境因素的影响,又受运动员个人生物节律的影响。此外,训练体制、竞赛制度及奖励制度、训练的后勤保证,以及家庭、社会等其他条件的变化,也都会直接或间接地影响运动训练活动的进行,决定着运动训练过程处于不停的动态变化之中。训练计划是对未来训练实践的理论设计,因此,尽管人们在制订训练计划时努力使计划具有更高的科学性和预见性,但却永远也不可能完完整整地与未来的训练实践需要相吻合。由于人类肌体的复杂变化及主客观多种因素的影响,预先制订的训练计划与运动员的状态不符的情况时有发生,这时则需要对原定的训练计划进行必要的调整和修正。严格地说,在训练实践中,全部实现预定计划总体设计与规划的实例,几乎是没有的,尽管是制订得非常严密的训练计划,也难免在具体的实施中发生一些局部的变更。所以凡是框架式的计划,应尽量少涉及一些具体的指标数据。

在任务周期、课时训练计划的实施过程中,对于计划的变更,则更为常见。1985年,谢亚龙对课时训练计划在实施过程中的变更现象进行的调查表明,在我国运动员的训练中,有近三分之一(29.3%)的课次,在实施过程中对原计划的任务、内容或方法进行了不同程度的变更。

为了在不断变化的动态中实施对运动训练过程的有效控制,就必须高度重视训练信息的采集和运用。通过多种多样的诊断方法,采集大量的训练信息,从中清晰地了解运动员竞技能力、训练效果及各方面影响因素的变化,从而及时地对训练过程的不同环节进行调控,以便保证运动训练过程的进行与运动员的现实状态相适应,取得理想的训练效果。

（六）训练工作总结

1. 训练资料的搜集和整理

（1）训练资料的搜集内容

训练资料的搜集范围很广泛，不可能全部都进行搜集。所以教练员应根据自己的需要和可能去有选择地搜集。主要的内容有：

①运动员的思想作风；

②各阶段主、副项运动成绩对比；

③运动量统计，包括各阶段总量、强度总量、主副项和不同姿势的总量及比例、不同供能能力的训练总量及比例等等。这部分内容最好利用表格（可自行设计制订）及时收集、填写、整理出来，并描绘成坐标曲线，以便比较分析；

④健康情况及有关生理指标；

⑤训练手段的运用；

⑥训练方法的运用。

（2）训练资料的整理

为了便于搜集整理上述资料，应要求运动员认真填写训练日记，做好每周的训练小结及统计好每周的运动量。教练员要认真制订好各种训练计划，记录每次课的训练成绩，登记每次测验比赛的成绩，并做好课、周的总结工作。有关的资料，要在日常工作中及时整理，以便及时发现问题，随时修订计划，做好阶段总结工作，为进行科学研究工作积累资料。

2. 总结的内容和方法

总结分为全面总结和专题总结两种。全面总结多在阶段或年终进行，一般包括以下内容：

（1）组织领导、队员情况、训练任务和指导思想；

（2）思想教育工作；

（3）训练情况分析，包括训练任务完成情况、运动员成绩的增长情况、运动员完成训练情况、健康和伤病情况等等。

（4）主要的经验和教训。

（5）存在问题。

有时要作专题总结，这主要是针对某一问题的经验和教训进行专门性的总结分析。专题总结的中心内容要突出，有比较充分的数据和论据，有明确的结论。

总结工作要充分发动群众，并在个人总结的基础上进行组与队的总结。总结工作应在全面分析有关材料和问题的基础上，运用不同阶段、不同运动员的材料和情况进行对比分析，然后以一个阶段某一典型运动员的计划和训练材料为例，深入阐明问题。

总结工作要实事求是，既不夸大成绩，也不回避问题，要用辩证唯物主义的观点，根据实际情况进行具体分析，得出恰当的、正确的结论。总结的重点要突出，材料要充实，论据要有力，文字要简练，要能把主要经验和教训反映出来，从而达到发扬成绩，纠正错误，以利再战的目的。

第五章　游泳健身科学化的医疗监督

第一节　运动生理与生化指标的评定

一、脉搏

脉搏是血管壁随心脏收缩、舒张而发生的有规律的搏动。脉搏频率是指单位时间内动脉管壁搏动的次数，通常以1分钟计算。运动中的脉搏频率能较客观地反映心血管系统的生理负担量。运动时生理负担量越大，脉搏频率越高，肌体越疲劳，恢复时间越长。经过训练的运动员，心脏收缩力增强，心脏每搏输出量增加，心跳频率相对减慢。因此，用脉搏频率来评定运动量的大小是较客观和简易的生理指标之一。在测定中通常运用以下五种脉搏指标。

（一）基础脉搏

每天清晨醒后平卧，无重大情绪波动时测得安静脉搏，叫做基础脉搏。它能反映前一天训练后的恢复情况。

（二）课前脉搏

即训练课前相对安静下测得的脉搏。它能反映课前的机能状况。

（三）课后脉搏

即训练课后的脉搏。能反映本训练课运动量对运动员肌体刺激的大小。

（四）即刻脉搏

即某一练习后的瞬间脉搏，通常记6秒或10秒。它能检查运动量对运动员肌体刺激的深度。

（五）各项练习之间间隔脉搏

即每一练习间的脉搏。它能反映运动员在完成每一练习的生理反应。对主要练习可绘制成图表，便于对比检查。见图5—1所示。

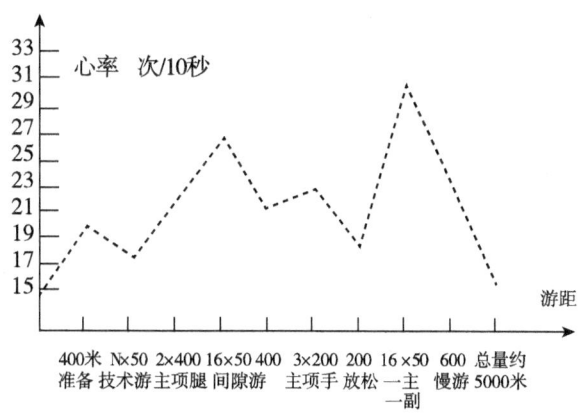

图5—1　一次游泳课心率曲线示意图

由于遥测心率的广泛运用，通过统计学计算，心率和游泳强度之间的相关系数（$r=0.988$）几乎是一致的。因此，心率可作为衡量游泳训练强度的指标。

利用心率的变化来控制训练，可减少训练中的盲目性，减少伤病事故，其评定方法如下（评定时要参照其他指标）。

1. 关于基础脉搏的评定

正常人都有一个相对稳定的基础脉搏，叫作晨搏，其变化与训练密切相关，还与睡眠、饮食、健康状况有关。若以运动员每天起床前安静时基础脉搏在60次/分为例，经过大运动量训练后，次晨安静时脉搏在60次左右是正常，若次晨安静时脉搏增加10次以上，则可能是运动量过大，疲劳未消除，要注意观察。在大运动量初期，由于肌体不适应，基础脉搏可能加快。若继续训练，基础脉搏恢复正常，甚至有所下降，这说明运动量适宜。若基础脉搏数持续上升，或上下波动无规律，连续数天不能恢复，说明运动量过大。除要减量调整外，还要就医诊断。

游泳运动员的基础脉搏偏低，表现为男子一般在50次/分左右，女子在55次/分左右。训练1~2年的少年运动员约为60次/分，3~4年的训练年限者50次/分左右，训练水平高的运动员可减至40次/分左右。

2. 成绩与脉搏的评定

运动员成绩与脉搏一般是相对稳定的，因此，定期测验运动成绩，同时把测定其脉搏频率的数据加以综合评定有重要意义。其方法：若脉搏下降，运动成绩提高，证明肌体机能和训练水平在提高；若成绩下降，脉搏反而增加，说明机能状况不良，训练水平下降或运动量不适宜；若成绩下降，脉搏减慢，也可能是过度训练造成的。

3. 关于课后脉搏的评定

课后脉搏可以评定一次训练课的运动量。其方法：若课后5~10分钟内即可恢复或低于运动前脉搏，是小运动量；若当晚睡觉前即可恢复或低于运动前脉搏，是中等运动量；若次晨脉搏恢复到基础脉搏，即为合理的大运动量。

4. 关于心律不齐

大运动量训练后，有的少年儿童会出现短时间内心跳节奏不规则。造成的原因很多，与训练有关的有：

（1）运动性心律不齐。这往往由于训练安排不恰当造成的，如强度过高，密度过大，没有遵循循序渐进的原则。

（2）耐力练习偏少，高强度练习数量过多，持续时间过长。这种心律不齐要引起特别重视。一般短暂出现心律不齐的现象，无不良反应，又能很快恢复，均属正常现象。

二、血压

血压是指血液在血管中流动时对血管壁的压力，心室收缩时的血压称为收缩压，心室舒张时的血压称为舒张压。正常人安静时的收缩压为100~125毫米汞柱，舒张压为60~80毫米汞柱。血压随年龄的增加而升高。男子比女子略高，游泳运动员安静时的收缩压比一般人低。运动训练对血压的反应比较敏感，变化幅度大，个体差异也较大，常用作评定课的运动量和运动训练水平的简易指标，其方法如下。

（一）运动前后的血压评定

运动前后或比赛前后，由于体力活动和精神紧张，血压都可能升高，这是运动中的正常机能反应，是适应训练和比赛的表现，一般在10~30分钟内能基本恢复。凡训练后几周或几个月内血压持续升高，超出了140/90毫米汞柱，并伴有头晕、身体无力等症状，应引起注意，要合理安排运动量或进行治疗。

（二）训练中的血压评定

训练中的血压变化与训练强度密切相关，一般有三种情况：第一种，低强度训练后收缩压上升约20~30毫米汞柱，舒张压下降5~10毫米汞柱，多数在运动后3~5分钟内恢复。第二种，中等强度训练后收缩压可上升20~40毫米汞柱，舒张压下降10~20毫米汞柱，一般在20~30分钟内恢复。第三种，大强度训练后收缩压可上升40~60毫米汞柱，舒张压下降20~30毫米汞柱，在24小时内恢复。

（三）血压评定中的某些特殊现象

游泳运动员训练后，血压一般均有升高现象，有的较高；有的训练后收缩压上升明显，舒张压也上升，恢复时间长，表明肌体机能在下降（少年儿童由于正处在迅速发育期，心血管系统兴奋性高，也有此反应）；有的训练后收缩压上升不明显，舒张压上升，或出现一些异常反应，如无力反应，恢复时间延长，这说明身体机能不良。

三、血红蛋白

血红蛋白也称血色素。血红蛋白是评定人体营养水平的重要指标之一，它与训练强度也有密切关系。运动训练时，肌体需要氧数量增加，血红蛋白含量增加，这对提高血液运载氧是十分有利的。如血红蛋白下降，氧供应减少，就会影响运动能力，故经常测定血红蛋白的变化可为评定运动员机能状态提供参考。

（一）血红蛋白正常值

一般男性成人血红蛋白正常值是 12～15 克%，女性成人为 11～14 克%。近年来国内外许多专家对运动员的血红蛋白量作了大量的研究，认为运动员血红蛋白量略高于一般成年人，而男、女游泳运动员的血红蛋白量又比其他项目运动员高。测试结果还显示出，训练水平高的运动员的血红蛋白量也较高。见表5—1所示。

表5—1 我国游泳运动员的血红蛋白量情况

对象	例数	血红蛋白数值（克%）	
		男	女
中国人	2889	14.35	12.75
我国成年运动员	1130	14.45	12.91
一般游泳运动员	29（22）	14.00	12.9
国家游泳队	28	15.37	13.53
省游泳队	24	14.76	12.97

（二）大运动量时血红蛋白的变化

大量研究发现，运动员在大运动量开始时，血红蛋白下降，这是肌体初期的不适应现象，经过一个阶段训练后，身体对运动量适应时，血红蛋白立即回升，甚至超过原来水平，这是肌体机能有改善、运动能力提高的表现。如果运动量过大，血红蛋白持续下降至一定数量时，成年男性运动员低于12g%、女性运动员低于10.5g%，肌体就出现气促、头晕、无力等症状，这时应及时调整运动量。如血红蛋白量下降至 9 克% 以下时，则应停止训练并休息；反复发作者，还应辅以药物治疗。

（三）血红蛋白和训练状态

当运动员在过度训练或训练状态差时，血红蛋白下降；训练状态较好时，血红蛋白又上升。血红蛋白上升时，运动员参加比赛一般成绩较好。当血红蛋白下降，如下降值为 10% 时，运动员比赛成绩大都不理想；如血红蛋白下降 20% 时，运动成绩下降较大。因此，可在赛前测定血红蛋白值，以了解运动员机能状态或调整训练安排。见图5—2所示。

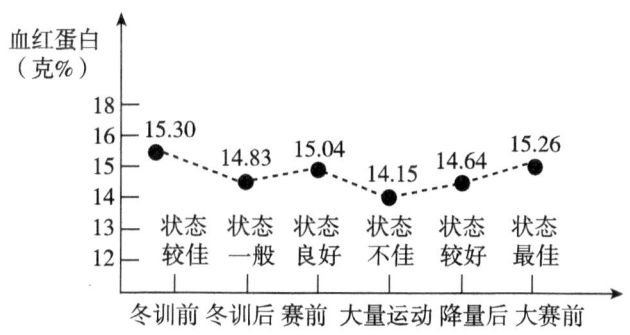

图5—2 某游泳运动员在不同状态下血红蛋白的变化

四、尿蛋白

尿蛋白是指尿中的蛋白质。正常成年人每天排尿中排出蛋白质总量约 40～80 毫克，偶尔可以达到 150 毫克，但激烈运动后可以达到 250 毫克。我国游泳运动员在安静时尿蛋白含量为 3.9 毫克%，是在正常人范围内。但运动时，会引起尿中蛋白质增加的现象，称为"运动性尿蛋白"，一般属于正常现象。

（一）尿蛋白和运动量的关系

决定运动量的因素包括运动时间、强度、密度、次数等等，其中运动强度对尿蛋白的影响最明显。在游泳训练中，当强度加大时，尿蛋白增多，因而可用尿蛋白出现的数量来评定运动量，尤其是评定运动强度。见表5—2所示。

表5—2 游泳训练课强度与尿蛋白的关系

运动量（米）	平均强度	平均脉搏	尿蛋白（毫克%）
3300	59%	24次/10秒	10
3950	82.9%	28次/10秒	70

大运动量训练过程中，开始由于身体不适应，尿蛋白排泄量多，经过一段时间训练，身体适应后，完成相同的运动强度，尿蛋白会减少。如果训练后尿蛋白不减少，或反而增加时，就要注意身体状态，应酌减运动量。

（二）尿蛋白和身体机能的关系

研究证明，运动性尿蛋白存在较大的个体差异。不同训练水平的运动员，在完成相同强度训练后，训练水平高的运动员尿蛋白数量少，反之则多。因此，在不同水平运动员之间相互比较，意义不大。冯炜权教授认为，运动员个体差异性表现也具有一定特点，就是同一个体在完成相近的运动量或相同项目比赛时，尿蛋白量相对比较稳定。

根据上述这两种情况，在采用尿蛋白指标评价机能状态时应注意个体差异特点，不应作个体横向比较，应对同一运动员进行纵向的系统观察对比和评价。

尿蛋白含量和身体机能状态有密切关系。训练水平提高时，尿蛋白数量减少；身体机能下降，如疲劳、睡眠不好、病前时，尿蛋白在运动后排泄量会增加。

此外，在一次激烈运动时，尿蛋白排泄量在运动后15分钟达到最高值。因此，训练或比赛后测定尿蛋白时，应让运动员休息15分钟再取尿。运动性尿蛋白在大运动量训练后24小时内基本消除，如果恢复时间延长也是机能下降的表现，如尿蛋白数值一直持续较高或时间较长，则应减少训练量或找医生检查。

（三）血尿

大运动量训练后，运动员尿中出现红细胞，称作"运动性血尿"。血尿严重者，尿液呈酱油色，肉眼可以鉴别。轻微者，要在显微镜下检查。在多倍镜下，如果一个视野内出现2～3个红细胞，即可确定为血尿。运动员在训练中出现血尿，如查无泌尿系统病变，即是运动量大大超过人体生理负荷量的信号。轻微者应减量训练，并注意观察；严重者如次晨不消失，并持续两天以上，应予休息；有反复发作者，除休息外，还应辅以药物治疗。对少年儿童来说，如出现血尿，更应给予重视，以免导致肾炎等病变。

五、血乳酸

目前，血乳酸作为指导游泳训练的重要指标之一，已越来越为广大教练员和运动员所重视。许多省市游泳队与科研人员合作，用血乳酸指导科学安排运动训练并取得较好的效果，国家游泳队近年来成功的实践证明，血乳酸是作为预测运动成绩、制订和修改训练计划、指导训练实践、评定运动时肌体代谢能力以及运动员选材的一个重要指标。

（一）血乳酸与无氧阈

1. 运动与血乳酸

正常人安静时血乳酸在每升1.5毫克分子以下。运动时，肌肉缺氧是绝对的，随着运动强度的增大，缺氧的程度越来越明显，当氧供应不足，不能使糖原分解成二氧化碳和水时，肌肉糖代谢所生成的丙酮酸被迫还原生成乳酸，并扩散进入血液，即为血乳酸。乳酸的产生与运动强度关系密切。时间短、强度大的运动时肌体相对缺氧，糖原无氧代谢为主要供能系统，肌肉中乳酸的生成较多；随着运动时间的逐渐延长，肌体有氧代谢供能的比例逐渐加大，乳酸的生成逐渐减少。有人在实验室条件下，用逐步增加运动强度的方法，测定不同运动强度的血乳酸值，得出了运动强度和血乳酸的关系曲线。研究认为，人体在有氧代谢为主的条件下运动时，随着运动强度的增加，血乳酸达到每升4毫克分子，如果运动强度继续增大，则无氧代谢供能的比例迅速增大，此时，运动强度和血乳酸几乎呈直线关系。所以，人们通常把每升4毫克分子的乳酸值作为无氧代谢阈。

2. 无氧阈

所谓无氧阈（简称AT），是指由低强度运动转换到高强度运动，从有氧供能到无氧供能的过程中，人体内所生成的乳酸和气体代谢在某一点会发生突变，这些变化的转折点就是无氧阈。目前，多数研究者认为每升4毫克分子血乳酸浓度为无氧阈的临界值。其理论依据是：

（1）血乳酸达到每升4毫克分子浓度时，随着运动强度的增大，血乳酸将出现明显的堆积。AT是有氧代谢为主，向无氧代谢为主过渡的阶段。

（2）在血乳酸达到每升4毫克分子浓度的强度时，如再继续给一定的负荷运动，则可观察到一种氧化能量的平衡状态。

（3）每升4毫克分子血乳酸浓度的强度是一般大多数耐力运动员可以在较长时间内忍受的强度极限，普遍在20~60分钟。因此，斯金纳等提出了下列能量代谢模式。见表5—3所示。

表5—3 运动总动用能量系统进行训练的模式

	安静时	有氧阈	无氧阈	最大吸氧量	最高无氧代谢
能量代谢主要类型		有氧代谢		无氧代谢	
心率（次/分）	40~80	130	150	170	185
50~100码反复游		60%~70%	65%~75%	70%~80%	80%~90%
200~400码反复游		65%~75%	75%~85%	80%~90%	90%~99%
更长距离游		70%~75%	85%~95%	90%~95%	95%以上
血乳酸 mmol/L	1~2	2	4	8	12~20

但也有些专家发现,一些人达每升4毫克分子血乳酸浓度后,并没有快速增长现象。1986年,民主德国游泳专家克劳斯在对我国优秀游泳运动员训练中发现,中国与民主德国运动员的耐力水平比较有一定的差距,认为每升3~4毫克分子血乳酸浓度时的速度更适宜作为我国游泳运动员的无氧阈速度。见表5—4所示。

表5—4 中国与民主德国运动员耐力水平与血乳酸浓度成绩比较

强度 / 血乳酸 mmol/L 运动员(距离)	2~3	3~4	4~6	6~8
民主德国(100米)	78%~84%	83%~88%	87%~93%	92%~96%
中国(100米)	75.9%	79%~80%	83.9%	87.4%
民主德国(200米)	86%~90%	88%~92%	91%~94%	94%~96%
中国(200米)	81%	82%~84%	87.1%	91.6%

在确定无氧阈强度标准时,应考虑个体在肌乳酸和血乳酸比率上的差异。在训练开始阶段,最好每名运动员都做一次无氧阈速度的测试。

(二)游泳训练中的血乳酸的测试方法及性能曲线的绘制

一般说来,在实验室条件下,用逐步增加运动强度的方法测定不同运动强度的乳酸值,得出运动强度和血乳酸的关系曲线是可靠的。但如何在游泳训练现场进行这一工作,近十年来各国进行了多种方法实验,下面介绍测试血乳酸阈值的几种方法。

1. 一点法

只测一次血乳酸。澳大利亚著名教练员卡莱尔明确指出:"血乳酸值在每升2毫克分子和每升4毫克分子是区分一般人有氧阈和无氧阈的界限。"他认为用全力游3000米的成绩作为无氧阈时的速度,是寻找这个界限的简易方法。另外，一点法还常用于测验赛和比赛，它可以反映运动员某个项目的最大血乳酸值，对诊断无氧能力有重要价值。

2. 两点法

德国游泳教练员保斯建议用75%和95%强度的两种不同速度游2×300米，并把所测得的血乳酸和成绩在坐标上标出两个点，其中，纵坐标表示血乳酸值，横坐标表示成绩。然后将这两点连成一条直线，从纵坐标4毫克分子处画一条与横坐标平行的线，再从该线与原连线交接点向下垂直与横坐标相交，相交点的左右侧分别为有氧训练和无氧训练的成绩。这种方法简便易行，我国教练员多次使用这种方法。见图5—3所示。

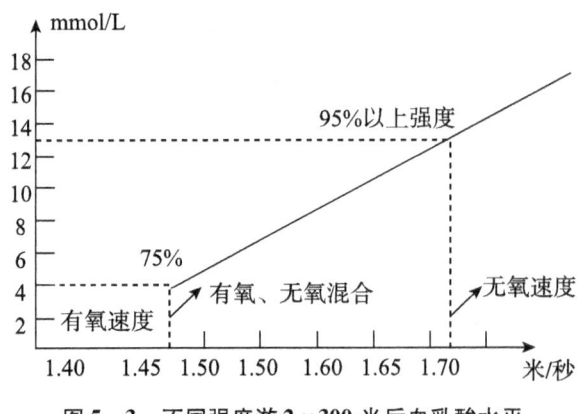

图5—3　不同强度游2×300米后血乳酸水平

3. 多点法

德国游泳教练员基普克建议做10个200米游，完成方法是3×(3×200米)+200米，以便在坐标上取4个点，前9个200米游时每个间歇1分钟，每组间歇5分钟，最后一组间歇30分钟，再做一个200米全力游，根据指数函数公式从4个点上可画出一条直线。比较各阶段测定所得到的曲线，就可以对运动员的无氧代谢能力、有氧代谢能力的变化有所了解。见图5—4所示。

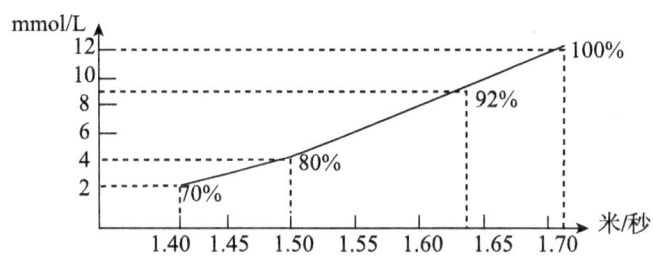

图5—4 不同强度游后血乳酸游速分布的情况

国内大多数科研人员为确定无氧阈值时，采用的方法是游5～200米或5～100米，用75%～80%、80%～85%、85%～90%、90%～95%、95%以上五级强度完成。测试运动后的血乳酸值便可以绘出性能曲线。

应该知道，上述各种测试血乳酸阈值的方法和要求是根据研究对象和研究目的而确定的，因此，采用任何一种测试方法时均应考虑到测试对象和条件，做到具体情况具体分析，才能使实验设计准确可靠。血乳酸阈值测试最好是在条件相同情况下每月进行一次，以便检查和评价运动员机能变化情况。

（三）血乳酸值的应用及机能评定

马格利斯科的研究证明，高水平运动员血乳酸在每升4毫克分子时，是发展有氧能力的最适宜速度，血乳酸在每升12毫克分子时，是发展无氧能力的最适宜速度。理论上认为，一名运动员经过一个阶段训练之后，如果他这两点的曲线往右移，就证明该运动员的有氧和无氧能力都得到提高，游速加快了。图中①②③次乳酸测试其曲线是向右移的，这是训练最理想的效果。但在游泳训练过程中，实际上还会出现另外几种情况，例如，完成训练强度相同，而低点曲线（V_4速度）向右移动或者位置低，表明该运动员有氧能力比前次提高，运动员在体内同样浓度乳酸积累条件下，可以游得更快，表明训练水平已有提高，这对提高成绩无疑是有利的。见图5—6所示。

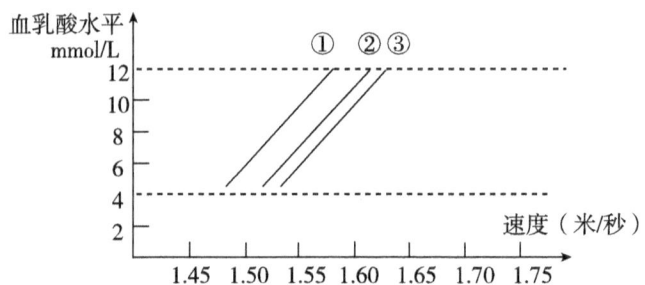

图5—5 经过阶段训练后,血乳酸水平与游速变化情况

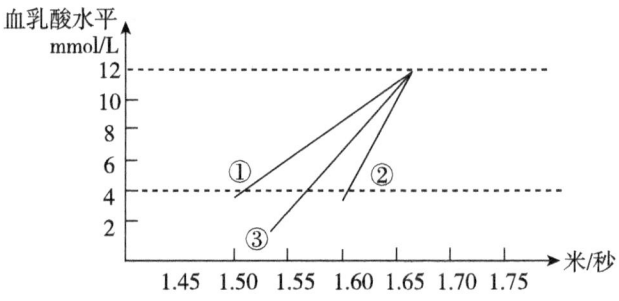

图5—6 经过一段训练后,有氧能力提高

另一种情况,是乳酸速度曲线向左移动(V_4速度点也左移),这是一种不良情况,提示专项有氧耐力下降,运动员在血乳酸每升4毫克分子时相应速度降低且乳酸值升高,说明在和以前相同负荷游的条件下,肌体代谢更早并且更多地动用无氧系统供能。见图5—7所示。

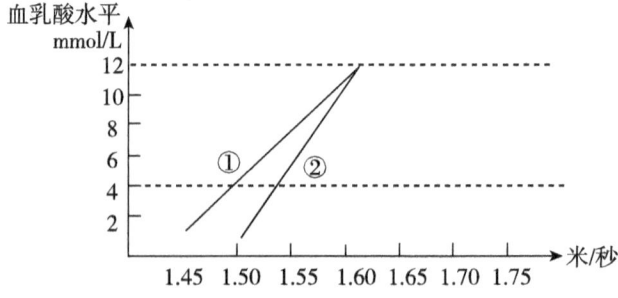

图5—7 经过一段训练后,有氧和无氧能力下降

可见，运用血乳酸性能曲线进行评定，在于清楚地知道游泳运动员肌体在各阶段的机能能力，做到有目的、有计划地指导和安排训练计划，使训练过程不同阶段有氧和无氧训练有合理的比例。一般说来，安排大量有氧训练时，无氧能力的训练比例就要减少，在赛前训练总量减少和强调无氧训练，其结果是这一阶段的无氧能力提高而有氧能力不变，甚至有所下降，不过只要无氧能力提高超过有氧能力的损失，运动员就会在比赛中游得更快。

第二节 游泳健身的营养需求

合理营养是游泳运动员保持健康和提高运动能力的保证，也是影响身体素质和肌体成分的一个关键因素。营养与肌体的关系十分密切，它对保证人体生长发育、维护健康、提高生理机能、防治疾病、促进训练以及达到优异成绩，起到十分重要的作用。

一、合理营养在游泳训练中的作用

游泳是一项在特殊环境下进行的体育运动，运动员需要克服水的阻力，同时受水温的影响，激烈的泳坛竞争，高强度、大运动量的训练，使游泳运动员的体力消耗大于一般体育运动项目（见表5—5）。由于运动，体内物质代谢过程加强、能源物质大量分解、激素分泌增加、酸性代谢产物堆积等一系列内环境的变化，必然导致不同训练时期营养需要上的改变。合理营养对于稳定肌体内环境、调节器官功能、促进新陈代谢、增加能量输出、提高心血管系统耐力、加快疲劳后恢复和提高神经兴奋性等等，有着非常重要的作用。可见，合理营养和科学膳食对提高游泳运动员竞技水平是至关重要的。

表5—5 游泳运动的热能消耗表

游速（米/分）	热能消耗每分钟（cal/kg）
20	0.0708
50	0.1700
60	0.3500
70	0.4300

二、游泳运动员营养的基本要求

（一）游泳运动的生理特点与营养要求

1. 水温

游泳时水温一般在24~28℃之间，低于体温；水传热能力是同温度空气的28倍，这样人体散热量越多，消耗的能量也越多。例如，在20℃水温中停留15分钟的能耗只相当于在12℃水温中停留4分钟，而在12℃水中停留4分钟所释放的热量，相当于人体在陆地上1小时的散热量。

2. 游速与游距

游速越快，阻力越大，消耗的能量总量也越多。例如，在游速为每分20米时，能量消耗为每分0.0708千卡/千克；而游速为每分50米时，能量消耗为每分0.1700千卡/千克。如游100米能量消耗为100千卡，200米能量消耗为140千卡，400米能量消耗为200千卡。

3. 游泳项目的代谢特点

游泳属于速度与速度耐力性项目，要求运动员既有较高水平的速度素质（短距离运动员），又要求具有较高水平的速度耐力素质（中长距离运动员），这就决定了游泳运动员的营养具有自身项目特点。

短距离项目的代谢特点是能量代谢率高，活动中高度缺氧，能量来源主要由磷酸原与糖的无氧酵解供应，短时间大强度的训练形成的酸性代谢产物在体内堆积。因此，膳食中应含较容易吸收的碳水化合物，为了肌肉和神经系统的代谢需要，还应补充较多的蛋白质和磷。

中长距离项目的代谢特点是运动时间长，热能与各种营养消耗大，供能方式以有氧氧化为主，肌糖原消耗增加，蛋白质分解加强，氨基酸转变成葡萄糖的速度加快，脂肪成为主要供能物质。因此，中长距离运动员对各种营养素的需求量较高，主要应补充蛋白质、铁、VB2和VC。

（二）游泳运动员营养摄入的基本要求

1. 热量平衡

热量是维持人类进行一切活动的基础条件。一般情况下，游泳运动员摄入热量与消耗的能量应保持动态平衡。摄入热量的多少取决于消耗热量的高低。影响运动能量消耗的因素有运动项目、运动强度、持续时间，以及运动员的体重等因素。因此，游泳运动员热量的摄入应根据个体情况和训练情况而定。一般的游泳运动员每日膳食能量供给约为4700千卡，也就是65千卡/公斤。

2. 热源物质比例适当

膳食中碳水化合物、脂肪和蛋白质的比例对肌体的代谢情况和工作能力有一定影响。合适的比例有利于体内代谢过程和更好地工作。游泳运动员热源物质较合理的比例，碳水化合物∶脂肪∶蛋白质为4.1∶1∶1。

3. 充足的维生素

维生素是物质代谢的调节剂。游泳运动员对维生素需要量较多，一方面由于训练时体内代谢加强，使维生素消耗增加；另一方面充足的维生素储备可改善肌体工作能力，提高运动成绩。游泳运动员需补充的维生素主要有VA、VB_1、VB2和VC等等。

4. 充足的无机盐和微量元素

钾、镁、钙等无机盐，对维持肌体的内环境，如渗透压、酸碱平衡等稳定性，对神经肌肉的兴奋性和增加体内碱储备具有重要意义；微量元素铁、锌、铜等对人体代谢过程有重大影响。无机盐与微量元素对维持运动员的机能和促进运动能力的提高具有重要作用。游泳运动员需要补充的无机盐主要是磷，微量元素主要是铁。

5. 食物的体积小，易于消化吸收、酸碱平衡

由于紧张的训练和比赛，运动员交感神经常处于兴奋状况下，或大运动量负荷的疲劳状况下，消化功能较弱。因此，不要使消化器官负担过大，在饮食上应吃体积小、容易消化的食物。

由于训练与比赛使运动员耗氧较多，肌肉乳酸堆积较多，所以也应注意食物酸碱平衡问题。

6. 合理的膳食制度

合理的膳食制度有利于食物的消化吸收，保持良好的生理机能状态。这不仅有利于身体健康，而且对提高肌体工作能力有良好作用。游泳运动员应定时进餐，饮食有节，不暴饮暴食，不饮用含酒精类饮料，不吸烟，不吃刺激性大的食物。

除在膳食中补充游泳运动员的营养之外，运用运动饮料也是营养补充的一种重要手段，根据饮料的成分可分为电解质饮料、天然果汁饮料、药物饮料、含氧饮料等等。通过不同用途的运动饮料适当运用于训练和比赛的不同阶段，起到补充营养和调节生理机能的作用。

三、游泳运动员比赛期间的营养

比赛期的营养包括比赛期前、比赛中及比赛后三个阶段的营养安排。比赛期合理的饮食营养有助于运动员保持良好的竞技状态、发挥训练效果、提高运动能力，并促进运动后体力的迅速恢复。

（一）比赛期前的营养

比赛期前的营养安排，对运动员比赛时的体内营养状况和机能状况有很大关系。一般以比赛前 1~2 周为训练调整期，营养也应随之调

整。此时的营养任务主要是使运动员保持适宜体重,增加体内维生素贮备、碱贮备及糖原贮备。具体要求如下。

(1)随运动量的减小相应减少热能摄取量,以免热能过多而使体重增加。

运动员在赛前均不同程度地减少运动量。因此,饮食中的热能供给量应与之相适应而相应减少,以使运动员保持适宜的体重和体脂。如果热能摄取量不相应减少,就会使体脂和体重增加,多余的体重和体脂常是限制耐力、速度和力量的因素。

(2)适当减少蛋白质和脂肪,以免增加体内酸性。

赛前饮食中应避免添加过多的蛋白质和脂肪食物。因为蛋白质和脂肪的代谢产物呈酸性,过多摄入会使体液偏酸,运动中疲劳提前发生。

(3)增加碳水化合物以提高糖原贮备,耐力性项目可用糖原负荷法。

(4)多吃蔬菜水果以增加体内碱贮备。

(5)增加维生素供给量以纠正体内维生素缺乏。

过多补充维生素对运动能力无作用,但当体内存在维生素缺乏时,必须纠正其缺乏才有利于肌体的机能和健康。除膳食外可补充维生素制剂,每日可补充维生素 B_1 5~10mg,维生素 A5000~10000IU,维生素 C200mg。需要注意的是维生素 B_1 在体内需经过磷酸化后才能发挥作用,临时服用无效。因此,需要在 10~14 天前即开始补充。

(6)保证体内有充足的水分。

赛前应保证体内有充足的水分。对于有大量出汗的运动项目,在赛前训练时应特别注意及时补液,可用体重来监测。赛前一日的水分摄取量应不少于 2500ml,使体内有充足的水储备。

此外,还应按比赛时的情况调整进餐时间与食物组成,使运动员逐渐适应比赛时的膳食。

（二）赛前一餐的营养

运动员在比赛期中处于高度紧张状态，消化机能较弱，赛前一餐对运动员在比赛时的生理状况有很大影响，安排不当会妨碍运动能力的发挥。短时间的比赛项目不存在比赛中营养不足的问题，但长时间的比赛项目消耗较大，因此赛前一餐的营养十分重要。赛前一餐营养的总原则是：赛前一餐要不妨碍比赛时的各种生理应激，有利于体内代谢的进行。具体要求如下。

（1）食物体积小、重量轻，能提供 2.09～4.18MJ（500～1000kcal）的能量。

（2）食物要易消化吸收，不含粗纤维多和易产气的食物，如芹菜、韭菜、大豆等等。

（3）高糖、低脂肪、低蛋白膳食。

长时间比赛项目可适当增加脂肪，以免过早出现空腹感和血糖水平下降。

（4）用平时已习惯的食物。

赛前不易换新的食物，换新食物有发生过敏、胃肠道不适或腹泻的可能。

（5）在比赛开始的2.5小时以前完成进餐。

赛前30分钟进餐，不论是固体还是液体，都会有胃肠部涨满感。而对于那些有身体接触的对抗性项目，更需注意间隔时间，应在胃内容物基本排空的情况下进行比赛，以免胃受伤或产生不适症状。若赛前使用的是流质或半流质饮食，间隔时间可适当缩短。摄入食物量较小者（热能在500kcal以下），也可缩短间隔时间至1.5小时。

（6）低盐膳食。

摄入盐过多会增加肌体排水。

（7）赛前可补糖。

这对于提高体内的糖原储备量，防止低血糖和延缓疲劳的发生有一定意义。吃糖的时间因项目而异，根据具体情况可于赛前6小时、赛前2~4小时、赛前2小时或赛前即刻补糖。补糖的方式可采用含糖膳食、糖或含糖饮料。

(8) 大量出汗的比赛项目，应在赛前补液约500ml。

此外，赛前一般不宜饮用咖啡或浓茶，以免引起赛中的利尿作用。赛前亦不可服用含酒精的饮料，因酒精会延缓反应时，产生乳酸盐，并影响细微的协调能力。

(三) 比赛中的营养

进行持续时间很长的比赛时，体力消耗很大，体内的营养储备不能满足需要，会使肌糖原含量下降，血糖水平降低，体力下降，产生疲劳。而且，运动员在剧烈的比赛中，大量出汗会使体液处于相对高渗状态；同时，因脱水导致的血容量减少也可影响运动能力。因此，为了及时补充肌体消耗的能源营养物质和水分，可在比赛途中或比赛间歇时补充食物和饮料。饮料应是低掺和低张的；食物以含碳水化合物为主，并含各种营养素的流质或质地柔软的半流质膳食为好，液体食物排空快，运动员可根据饥饿感觉来选用。运动中补糖可补充果糖，摄入果糖与摄入等量的葡萄糖的氧化量相似。若摄入等量混合的果糖和葡萄糖，其氧化率要比单纯摄入100g葡萄糖高21%。其原因在于，果糖与葡萄糖有各自不同的氧化途径，相互间竞争较小。从吸收速度考虑可选用含葡萄糖、果糖、低聚糖的复合糖。

(四) 赛后营养

运动员在进行紧张剧烈的比赛后，及时而合理的营养补充，有助于消除疲劳和恢复体力。为了加速比赛后体内肌糖原、酶、电解质、水分及激素水平的恢复，比赛后2~3天内的膳食仍应供给充足的热能，富含碳水化合物和蛋白质，脂肪的含量要低，补充维生素B_1、维生素B_2、烟酸和维生素C，充分的水和矿物质，特别是钾。

以前认为，运动引起糖源耗竭后，肌糖原和肝糖原储备恢复到正常水平需46小时以上。现在人们已普遍接受,只要补充糖的时间和量合适,糖原的再合成可以在24小时内完成。在运动后的6小时以内,肌肉中糖原合成酶的含量高,且运动后补糖时间越早,肌糖原合成速度越快。因此,为加速赛后肌糖原的恢复,补糖的时间越早越好。理想的方法是在运动后即刻、头2小时以及每隔1.2小时连续补糖。补糖量为0.75~1.0g/kg体重,24小时内补糖量可达到9~16g/kg体重。补糖的类型对肌糖原的再合成速率无显著影响,果糖、葡萄糖、低聚糖及复合糖液均有效。而且只要总糖量摄入充足,肌糖原合成就不受食物摄入次数的影响。水和电解质的恢复也很重要,可采取补充菜汤或糖—电解质饮料等措施。见表5—6所示。

表5—6 运动后补糖时间与肌糖原合成

补糖时间	肌糖原合成速度(mmol 葡萄糖/kg 肌肉·小时)
运动后即刻	最快,2小时内为7.7
运动后稍后	减慢,为4.1
运动后几小时	最慢,约为2.5

此外,有研究认为赛后服用胆碱与乳清酸钾,可消除肝的缺氧状态和抑制脂肪浸润。

四、游泳运动员常用的运动营养补充品

(一) 1,6-二磷酸果糖(FDP)

1,6-二磷酸果糖,简称FDP是细胞内糖酵解的中间产物,能直接调节某些代谢或作为底物直接参与供能。

1. 作用

1,6-二磷酸果糖不但是细胞内供能物质,而且更为重要的是它能改善和增强糖无氧代谢的调节能力,通过反馈刺激糖酵解关键限速酶——磷酸果糖激酶,简称PFK的活性而促进糖酵解,并能绕过磷酸果糖激酶而直接参与无氧代谢,产生ATP,促进缺血、缺氧组织细胞

糖的利用，改善细胞在缺氧后的生理机能和应激适应水平，提高肌体抗疲劳能力，因此是国际公认的细胞强壮剂。研究证实，FDP对心肌因缺血、缺氧造成的损伤有保护作用。

FDP是一种多功能的运动营养品，口服FDP进入血液循环，目前证实它可以直接通过细胞膜进入骨骼肌和心肌细胞，在转运体的帮助下速率更快，外源性FDP能够促进内源性FDP、二磷酸甘油酸、ATP成倍增高；增加心肌血供，促进心肌细胞能量代谢；提高红细胞内2,3－二磷酸甘油酸含量，促进红细胞向组织释放更多的氧，而且FDP可提高红细胞Na^+-K^+-ATP酶和SOD（超氧化物歧化酶）活性，保持红细胞韧性，降低红细胞脆性，延长红细胞寿命。FDP具有明显的钙拮抗作用，可降低细胞外游离Ca^{2+}浓度，促进Ca^{2+}在细胞内外交换的稳态调整。同时，FDP具有抗氧化作用，能够使肌体抗脂质过氧化能力加强。研究证实，FDP可升高组织超氧化物歧化酶活性，降低丙二醛含量，减少肌细胞自由基的生成，减轻其对组织的损伤作用，这对维持细胞的完整性、恢复和改善细胞膜功能起着重要作用。此外，FDP的膜稳定作用可防止钾外流，保持细胞内钾离子浓度，改善细胞膜的极化状态，减轻细胞膜内外离子的紊乱而引起的疲劳，即K^+外流，Ca^{2+}、Na^+内流，使细胞膜电位改变，肌肉兴奋性失常。而且服用FDP可使力竭性运动后肌糖原的消耗减少，从而起到保护糖原的作用。上述这些作用有助于无氧、有氧运动能力的提高，有利于疲劳的恢复。

2. 用量

有关FDP的人体补充量研究较少，还有待于进一步的研究确认。有研究报道，每天补充FDP1.8克，连续补充12天后，肌体的无氧代谢运动能力、有氧代谢运动能力增强，抗氧化能力改善。

（二）谷氨酰胺

谷氨酰胺是血浆和骨骼肌中含量最丰富的氨基酸，占肌肉内游离氨基酸池总量的60%以上。骨骼肌是人体最重要的合成谷氨酰胺的场所。有证据表明，谷氨酰胺对骨骼肌蛋白质水平的保持，免疫系统功能的维持，葡萄糖糖原代谢有重要作用。因此，近年来谷氨酰胺被归为必需氨基酸。

1. 作用

谷氨酰胺对于运动员的重要意义之一在于，它是一种挖掘肌肉功能潜力的关键物质，是运动员增长肌肉和力量的必需营养元素。研究证实，使用外源性谷氨酰胺能显著增加骨骼肌细胞内谷氨酰胺的量和蛋白质的合成，而且谷氨酰胺对于骨骼肌无收缩作用的蛋白质成分具有抗蛋白质水解作用。肌肉内谷氨酰胺的耗竭与肌肉蛋白质分解代谢的增加相联系；因此，维持谷氨酰胺储量对于保持骨骼肌体积有着重要的作用。

谷氨酰胺是细胞复制的必需营养物质，是淋巴细胞和巨噬细胞的重要能量来源，应激时，谷氨酰胺代谢加强，以加速细胞分裂，抗体生成和蛋白质合成。研究表明，应激状态下，免疫活性细胞谷氨酰胺的需要量增加 7 倍。谷氨酰胺缺乏时，常引起肌体免疫力下降。长距离运动和过度训练导致骨骼肌和体液中谷氨酰胺浓度明显降低，补充谷氨酰胺对运动员免疫系统功能下降有积极的恢复作用，能明显减轻免疫受抑程度，缩短免疫受抑的持续时间，明显改善细胞免疫功能。研究表明，应激增加时，运动员分泌型免疫球蛋白 A（简称 SIgA）水平下降，补充谷氨酰胺则可阻止 SIgA 减少，阻止小肠黏膜免疫球蛋白 A（简称 SIgA）、浆细胞和淋巴细胞减少，增强肠道免疫功能。另外，创伤等严重应激可引起免疫系统对谷氨酰胺的利用率明显增强，补充谷氨酰胺可增加白细胞介素－2（简称 Il－2）的产生、改善细胞膜 IL－2 表达的受抑，减轻创伤对 T 淋巴细胞增殖反应的抑制，明显改善细胞免疫功能。

研究表明，马拉松比赛后血浆谷氨酰胺下降，发生过度训练的运动员静息状态下血浆谷氨酰胺浓度也降低。谷氨酰胺与肌体重要的抗氧化剂谷胱甘肽的合成具有内在的相关性,肌体在运动过程中体内产生大量的自由基,对膜性结构和肝脏等造成损伤,影响运动能力。补充谷氨酰胺不但能增进细胞膜的稳定性,而且有助于维持血浆和免疫组织细胞内谷胱甘肽水平,增强肌体抗氧化能力,减少和消除自由基对肌体组织细胞及肝脏等重要脏器的损害。另外,补充谷氨酰胺也可降低创伤后体内的脂质过氧化,减轻创伤后免疫组织细胞的氧化性损伤。

此外,谷氨酰胺还可以为糖原合成和糖异生提供底物,补充谷氨酰胺可以增加肝糖原的合成和肌糖原的累积。谷氨酰胺也可以刺激生长激素和胰岛素的分泌。

2. 用量

谷氨酰胺的最佳补充剂量还没有确定。研究认为,大运动量训练期间,每天可口服 2 克谷氨酰胺以满足需要。

(三) 牛磺酸

牛磺酸是一种含硫的 β-氨基酸,许多研究认为,它是人在应激等多种情况下的必需营养物。

1. 作用

研究表明,牛磺酸对运动肌体可发挥有效的保护作用,这一保护作用也能提高肌体的运动能力。专家对运动员补充牛磺酸后 PWC_{170}、30 分钟跑做功实验的结果表明,牛磺酸能改善运动员有氧代谢能力,提高有氧耐力水平,增加单位体重做功量。

大量研究表明,运动可以使自由基生成增加,脂质过氧化反应增强,损伤组织细胞膜。牛磺酸则具有明显的抗脂质过氧化作用,研究证实,补充外源性牛磺酸能有效阻断大强度运动训练所致的脂质过氧化增强,使脂质过氧化物丙二醛(简称 MDA)的生成明显减少,而且在运动恢复期仍能有效地抑制脂质过氧化,同时也有促进谷胱甘肽过氧化物酶(简称 $GSH-P_X$)活力增加的作用。补充牛磺酸也可减少力竭运动后心肌线粒体脂质过氧化反应，维持超氧化物歧化酶（简称SOD）的活性，保持谷胱甘肽（简称GSH）含量和游离钙浓度，从而具有保护心肌线粒体功能和防止心肌损伤的作用。补充牛磺酸还能使力竭运动后脑组织和肝组织的MDA显著降低，阻止SOD下降和维持GSH的水平，并使大鼠运动至力竭的时间延长。因而牛磺酸对肝组织具有直接抗氧化损伤的作用，可防止长时间剧烈运动所引起的肝损伤。

也有研究表明，力竭运动后补充牛磺酸能使Na^+-K^+-ATP酶活性升高，并有助于保持酶活性的稳定性，在一定程度上改善线粒体膜转运Na^+、K^+的能力。而且，补充外源性牛磺酸还可减少力竭运动后线粒体巯基含量的下降，避免膜磷脂降解增加，保证线粒体膜正常的渗透性转运，避免线粒体内Ca^{2+}超载，从而起到防止线粒体损伤的作用。牛磺酸通过调节钙转运对急性运动后造成的线粒体功能降低，有明显的保护作用，这可能是其发挥对抗疲劳作用的一大重要原因。牛磺酸的抗氧化作用和Ca^{2+}调节作用可能是其抗运动性疲劳的主要机制之一。

另有研究表明，补充外源性牛磺酸可明显提高血浆中支链氨基酸（简称BCAA）的浓度，而芳香族氨基酸（简称AAA）的浓度则无明显变化，这使AAA/BCAA比值下降，抑制了AAA转运入脑，从而保持中枢的兴奋状态，延迟运动性疲劳的出现和减轻运动性疲劳的程度。

长期大负荷的运动训练，肌体疲劳未完全恢复，长期处于应激状态，导致交感神经兴奋性增强，促进肌体血管神经肽（简称NPY）的分泌，抑制降钙素基因相关肽（简称CGRP）的分泌，使肌体调节心血管系统功能的神经肽分泌失调，可能就是运动性高血压和运动性心肌损伤等发生的病理生理机制。而实验研究证实，牛磺酸可抑制大运动量训练后大鼠NPY的分泌，促进CGRP的分泌，维持肌体NPY和CGRP分泌的平衡。因此，认为长期大负荷运动训练后补充牛磺酸，对心血管疾病有防护作用，有利于对抗心肌损伤，促进疲劳恢复。

此外，补充牛磺酸能降低心肌中 Ca^{2+} 超载，促使心肌释放 Mg^{2+}，而 Mg^{2+} 是钙离子通道的阻断剂，Mg^{2+} 升高有利于阻断 Ca^{2+} 入细胞，尤其在心肌 Ca^{2+} 超载时，Mg^{2+} 促进 Ca^{2+} 平衡的作用更明显，更有利于维持心肌的离子平衡，这也是牛磺酸对抗心肌细胞损伤的因素之一。

2. 用量

牛磺酸在抗运动疲劳，提高运动能力等方面起到积极效果，已被人们广泛接受。它易于在胃肠道吸收，无副作用，不会给运动肌体带来健康危险因素，是一种极具前景的营养补充品。但其最佳补充剂量，还有待进一步的研究确定。

(四) 精氨酸

精氨酸是非必需氨基酸，是一种常用的运动营养补充品。

1. 作用

早期的大量研究显示，精氨酸能促进人体生长激素的释放，可促进蛋白质的合成，进而促进肌肉增长。此外，精氨酸还能提高肌纤维对肌酸、磷酸肌酸的合成与储存水平，促进脂肪的分解。但近期的研究在严格控制了实验条件后，服用精氨酸的受试者与对照组相比，并未出现显著效果。因而有关补充精氨酸的效果还有待进一步的研究。

2. 用量

早期的研究报道服用精氨酸每天 1 克，连续服用 5 周后，可使瘦体重和肌肉力量增加，脂肪重减少。

(五) 磷脂酰丝氨酸

磷脂酰丝氨酸是一种豆浆提取物。

1. 作用

研究发现，磷脂酰丝氨酸能够影响皮质醇的分泌释放，皮质醇是一种与睾酮作用拮抗起分解作用的激素，一般在大强度训练后，极度疲劳或过度训练时，明显升高。此时，体内分解代谢大于合成代谢，肌蛋白分解加速，体重下降。如果能有效抑制运动员强化训练期间皮质醇的增长，则为提高训练效益创造了良好的激素环境。

目前，已有一些关于磷脂酰丝氨酸增长肌肉和力量的报道，以及它提高人体训练应激水平的研究报道。在一项双盲对照实验中，一组受试者每天服用800毫克磷脂酰丝氨酸，另一组服用同等剂量的安慰剂，10天后两组进行同样的大强度训练，然后测定两组受试者血液的皮质醇浓度。结果发现，对照组的皮质醇水平比训练前显著升高，而服磷脂酰丝氨酸组的受试者皮质醇浓度被控制在较低的水平。研究人员推测，磷脂酰丝氨酸的作用可能是参与了激素反馈系统下丘脑—垂体—性腺轴对应激的反应过程。最近有报道，磷脂酰丝氨酸还能促进人体内源性睾酮分泌。所以，磷脂酰丝氨酸是一种颇具潜力的强力营养物质。

2. 用量

有关磷脂酰丝氨酸的补充剂量，还有待进一步的研究确定。

（六）肉碱

肉碱的化学名称为3-羟-4-三甲氨基丁酸，它有两种立体构型，即左旋肉碱（L-肉碱）和右旋肉碱（D-肉碱），对人体代谢起作用、在人体内具有生物活性的是左旋肉碱。右旋肉碱完全无活性，甚至会抑制左旋肉碱的利用。一般而言，肉碱均指左旋肉碱。

1. 作用

近年来，肉碱作为一种运动营养补充品已广泛应用于运动实践中，并有许多研究也表明，它对人体运动能力确实有良好的促进作用。肉碱作为脂肪酸代谢过程中肉碱脂酰基转移酶的组成成分，起促进活化的长链脂肪酸转移进入线粒体内的作用。所以，肉碱是转运脂肪酸的载体，是脂肪酸氧化供能必需的前提。

长时间体育运动，由于脂类代谢加强，有可能引起长链脂酰CoA在肌肉和肝脏细胞中堆集，而产生功能和结构的损害。肉碱的作用在于促使游离CoA生成增加，激发α-酮酸脱氢酶的活性，加速乙酰CoA进入三羧酸循环，维持线粒体基质中乙酰CoA的正常比值，从而有效地降低胞质中长链脂酰 CoA 的含量，促进脂肪酸的氧化，这对于防止长链脂酰 CoA 对生物膜的损坏有重要的作用。

肌肉中的乙酰肉碱转移酶可以催化乙酰 CoA 转变成乙酰肉碱，降低乙酰 CoA/CoA 比值，激活提高丙酮酸脱氢酶活性，从而促进丙酮酸乙酰化转变为乙酰 CoA 进入三羧酸循环，促进丙酮酸的氧化，进而促进葡萄糖的氧化利用。

此外，肉碱还能促进支链氨基酸的氧化利用，保证运动的持续进行；帮助肌体清除过多乳酸，提高做功能力，促进氨的降解，促进运动性疲劳恢复。

研究发现，3 个体育系学生跑步训练后的肉碱排泄量从平常的 55mg/d 增加到 94mg/d；马拉松运动员赛跑后 24 小时尿液总肉碱排泄量增加 80%～200%，其中主要是乙酰肉碱。这就说明，运动员确实有必要及时补充肉碱，以防影响运动成绩的提高。

训练有素的运动员由于每天服用 3 克肉碱，连续超过 3 周而使最大有氧能力 VO_{2max} 提高，提高幅度为 6%～11%，且存在显著差异 p 小于 0.05，但这个结果要用于耐力运动还须作进一步的研究。在这方面的深入研究具有重要意义，因为在极限运动时组织急性和慢性缺氧条件下，氧化代谢明显增强，每增加 5% VO_{2max} 就能使运动水平从"一般状态"达到"高度竞技状态"。有些人发现，服用肉碱后，在给定的亚极量运动或极量运动中，实验对象的心率轻微下降，这也间接说明肉碱可以提高最大有氧能力。但也有报道表明，连续 10 天每天补充 6 克肉碱，并不影响安静时和次极限运动时的氧耗。

还有研究表明，竞技运动员长期服用左旋肉碱后，肌体血红蛋白和血浆睾酮水平升高，心脏功能改善，脂肪氧化分解供能加速。此外，肉碱具有提高线粒体呼吸酶活性及保护线粒体膜结构的作用，从而保护了呼吸链的完整性，改善了心肌氧化磷酸化功能。因此，对促进有氧供能和提高运动能力具有较大的实用价值。

补充肉碱可减少对腺苷酸转移酶的抑制，从而可能使腺嘌呤苷酸穿过线粒体内膜增加，结果引起肌肉 ATP 和磷酸肌酸上升，故推测这样可提高肌体的最大力量水平。补充肉碱后，休息和亚极量运动时的呼吸商和糖原储备没有明显变化，这说明补充肉碱不影响有氧代谢中脂肪供能的比例。

此外，口服肉碱可以增加肌体最大氧债能力，增加乙酰 CoA 的生成，而不增加肌组织及血液乳酸浓度，这对以无氧代谢为特征的大强度运动具有一定的效果。

2. 用量

实践中采用不同的剂量补充左旋肉碱，常用量为 1~6 克有建议按每天 0.3g/kg 体重摄入。研究报道，口服左旋肉碱 1~15 克，仅有短暂轻微的腹泻，未发现其他不良反应。所以，口服左旋肉碱是安全的。但目前对肉碱的剂量和服用方式的研究尚不成熟，还需要进一步研究确定。

（七）肌酸

肌酸或称甲胍乙酸，在肉类和鱼类食品中大量存在，也是天然存在于我们肌体内的营养素，它可以由精氨酸、甘氨酸和蛋氨酸为前体在肝脏、肾脏和胰脏内合成。95% 的肌酸都存在于骨骼肌中，另外 5% 存在于其他部分。但是，仅靠膳食来源和体内合成，对人体来说不能使肌肉中的肌酸量达到理想的浓度。因此，肌肉高肌酸含量，只有通过补充肌酸来实现。

1. 作用

短时间补充肌酸，每日服用 15~25 克，连续 5~7 日，可使总肌酸增加 15%~30%，磷酸肌酸储存增加 10%~40%。肌酸和磷酸肌酸储量增加的作用在于维持高强度运动时的 ATP 水平，并促进反复高强度运动的间歇期磷酸肌酸的再合成。因此，短期肌酸补充可使最大做功和最大力量增加 5%~15%，单次冲刺能力增加 5%~15%。大多数研究指出每日补充肌酸 20 克，连续 5~7 日，可使冲刺能力增加 1%~

5%;反复冲刺所做的功可以增加15%。这一强力作用与肌肉摄取的肌酸量增加有关。除此以外,长时间补充肌酸,可以明显地增加力量、短跑的能力和去脂体重。训练期补充肌酸1~2个月,可以使冲刺能力进一步提高,达5%~8%,力量增长5%~15%,瘦体重增加1%~3%。

肌酸的主要作用是使骨骼肌、心肌、平滑肌、眼、脑、神经系统都通过它来增加能源。因为这些器官都要工作和协调活动,增加细胞内的肌酸水平,可以增进其运动中的能力。肌肉中超量的肌酸并不增加肌肉安静时的ATP浓度,但是肌肉内充足的肌酸可以保证运动中消耗的ATP和磷酸肌酸的再合成,从而维持反复最大用力冲刺训练中肌肉的ATP浓度,可以最大限度地减少肌肉局部乳酸的生成,从而使人体能在更高的强度下运动更长的时间。这就可以帮助人体增强力量,增加做功能力,增大肌肉并使人体不会过早产生疲劳。研究表明,肌酸还可以增加肌纤维摄取蛋白的能力。此外,服用肌酸还可使总胆固醇、甘油三酯和极低密度脂蛋白胆固醇均明显下降。

大多数研究认为,补充肌酸主要是增强短时间、高强度、反复运动时的运动能力。美国大学生运动医学会申明,肌酸增加磷酸肌酸池以迅速合成ATP。肌酸以冲击量20~25g/d服用5~7日,再以维持量3.5g/d继续使用,将提高人体维持短距离的自行车、短跑、游泳、跳高和摔跤的输出功。近期也有研究指出,在长跑运动中,肌酸也可以使运动员在高于其惯用的强度下训练而不疲劳。

2. 用量

肌酸使用的冲击量为:每日20克,服用5~7日;维持量为:每日2~5克,有文献报道5~15克。人体肌肉肌酸含量的上限为160mmoL/kg干重肌肉,当肌酸的补充达到这一量时,肌肉肌酸含量就不再增加了。摄入的多余肌酸由肾脏排出体外,造成浪费。使用肌酸的同时服用含糖饮料,将有助于肌肉摄取更多的肌酸,从而提高肌酸补充的效果。最近的研究表明，在每天补充20克肌酸的同时补充葡萄糖，每天380克，服用5天后，肌肉中肌酸的含量比单纯补充肌酸要高10%。

肌酸是一种有效和安全的营养补充品。给人体使用肌酸的实验已经进行了一个多世纪。大多数研究认为，短期的肌酸补充，每日20~25克，连续服用7日，可以使体重增加0.7~1.6千克，其原因是肌酸刺激了水滞留和蛋白合成。一些7~140天长时间训练期，补充肌酸的研究也表明，体重和去脂体重均明显增加，而总体水占总体重的比例并不发生变化。

第三节 游泳健身的疲劳恢复

一、游泳训练、比赛疲劳的特征

游泳训练、比赛产生的疲劳属运动性疲劳。关于运动性疲劳，一百多年前运动生理学家就开始进行研究，对运动性疲劳产生的原因及概念，许多学者从自己研究成果出发，提出过不同的看法，有"能源衰竭说"、"乳酸堆积说"、"环境稳定失调说"和"保护抑制说"等等。随着研究的深入，目前的看法基本趋于一致。1983年第5届国际运动生化会议对运动性疲劳定义为：肌体生理过程不能持续其机能在某一特定水平或各器官不能持续预定的运动强度。而筋疲力尽，也就是力竭是"肌肉或器官完全不可能维持运动"。可见，疲劳和筋疲力尽都是运动能力下降的表现，但程度不同。疲劳是一个整体性的生物学过程，不是某一器官或某一变化所决定的，而是各组织器官、各种生理生化的综合表现。1983年爱德华总结近二十年来的成果后，提出了运动性疲劳生化机理的突变理论，认为不同运动时间、不同强度运动的疲劳，是肌体内细胞中的能量物质消耗和神经肌肉兴奋性、活动性过程下降的综合表现。在衰减过程中有一个突然急剧下降的阶段——突变阶段，这是运动疲劳的特点。在概括大量研究材料的基础上，可以得出不同运动时间身体疲劳的特点。如能针对性地采取相应措施，则可延缓疲劳的出现。因此，教练员训练的艺术，就是每一次训练成功地将运动员推向疲劳的次极限边缘，使其生理过程能在特定的水平上运动，而不可能使其筋疲力尽，产生过度疲劳，从而保持和提高运动训练能力。见表5—7所示。

表5—7　运动员运动时间与疲劳的生理化特点

运动时间	疲劳的生理生化特点
0~5秒	神经肌肉接点处
5~10秒	ATP、CP减少，快肌中乳酸堆积
10~30秒	ATP、CP消耗最大，肌肉中乳酸堆积最多
30秒~15分	ATP、CP消耗，血乳酸上升最高，3~4分钟时肌肉酸性增加，pH下降
15~60分	ATP、CP消耗，肌糖原消耗最大
1~6小时	肌糖原消耗明显，肝糖原也大量消耗，体温上升，脱水，电解质紊乱
5~6小时以上	能量物质消耗，代谢失调，体温上升，脱水，电解质紊乱，身体结构变化

注：ATP为三磷腺苷，CP为磷酸肌酸，pH为酸碱度

二、游泳运动员加速肌体疲劳恢复的主要手段

加速肌体恢复是采用大运动量训练的重要前提，也是防止过度训练的重要措施。当前，国内外游泳运动员所采取的恢复手段大体上分为训练学恢复手段、医学和物理学恢复手段、心理学恢复手段。

（一）补充运动饮料

训练后，身体能源物质的补充、恢复则是保证训练的物质基础。

没有充分的物质能源的恢复,训练就达不到理想的效果。但是由于我们无法控制运动员的饮食,如非住校制,运动员在家吃饭等等。因此,我们在训练中通常让青少年运动员适量饮用含盐的运动型饮料。其饮用方法是:把少许食盐和优质口服液与蒸馏水或矿泉水相溶,盛于磁化杯中。训练之后,先饮用磁化矿泉水,可补充身体所需水分,使血液浓度降低,加速新陈代谢,促进血液循环,提高酸碱平衡度、提高代谢水平、提高生物磁场效应、有利于提高大脑功能。

(二) 睡眠恢复手段

睡眠是人体的基本生理现象,每天 8~9 小时的高质量睡眠是保证运动和恢复的必备条件。因为人体生长素分泌的高峰是睡眠期,人体在睡眠状态时肌体各器官的运动下降到最低的水平,物质代谢减弱,能量的消耗仅维持人体代谢的基本水平,这时运动消耗的能源物质逐渐得以恢复。

(三) 营养补充的手段

科学的利用营养来补充因运动而消耗的物质,修复损伤的体内机构,消除疲劳,促进运动成绩的提高有很重要的作用。不同的运动项目膳食中营养的供应要有所区别。为了增加体内的碱储备,应多吃蔬菜,水果等含碱性较多的食物。对于体操运动来说,虽然肌体总的能量消耗大,但神经系统消耗却很多,故在营养上热量不宜过多,但必须加强神经系统的营养,膳食中应多供给含磷,维生素 B_1、维生素 C 等的食物。

(四) 训练学恢复手段

训练学恢复手段是指在运动训练过程中,通过合理安排训练内容、训练手段、运动负荷、强度、恢复时间和恢复方法,促进恢复过程的方法。

(五) 医学和物理学恢复手段

医学和物理学恢复手段主要有与运动负荷相应的营养供应,以及按摩、理疗、药剂、针刺等措施,在游泳训练过程中占有特殊地位。这类恢复手段和方法。见图5—8所示。

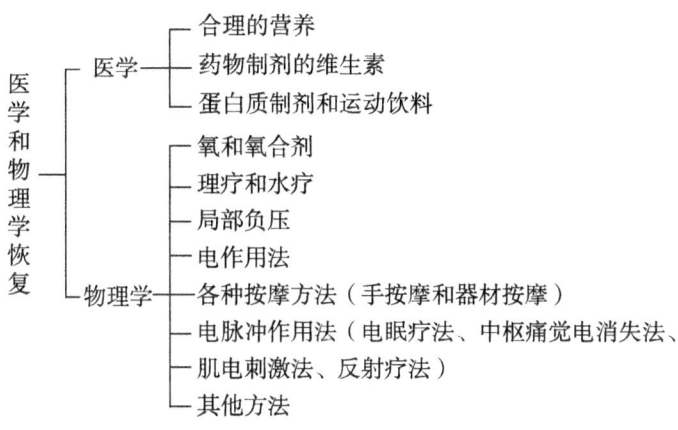

图5—8 医学和物理学恢复手段图示

(六)心理学恢复手段

近年来,游泳训练和比赛之后,采用心理方法和措施加快恢复工作能力得到了普遍重视。借助于心理作用能降低神经紧张程度,减轻心理压抑状态,更快地恢复消耗的能量,从而提高运动能力。

对身体恢复起作用的心理学手段,种类很多。其中主要有暗示性睡眠—休息法,神经、肌肉放松法,心理调整法,气功放松法,音乐放松法等。见图5—9所示。

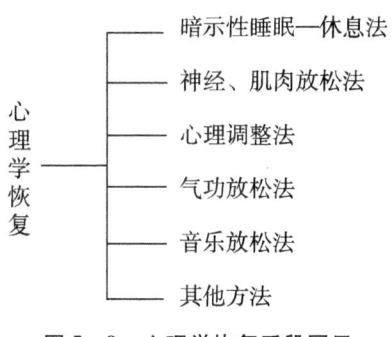

图5—9 心理学恢复手段图示

（七）专项恢复方法

水中漫游，糖原代谢产物血乳酸堆积是引起肌肉疲劳的主要原因，特别是在大强度训练课上。剧烈运动可使乳酸增加 20 到 30 倍，引起肌肉工作能力下降。因此，迅速消除血乳酸堆积十分重要。据考证，血乳酸完全消除到安静水平，静止恢复需要 1~2 小时，而积极性恢复只需要 30~60 分钟。由于乳酸的消除是在氧的作用下分解成水和二氧化碳，水中漫游可以加快乳酸消除。有实验证明，用 80% VO_{2max} 水平游 5 分钟加 40% VO_{2max} 水平游 15 分钟，血乳酸消除最快。因此，在训练后，尤其在大强度的课后，一般安排 800 米以上的中速慢速游，这样可以达到积极的恢复效果。

（八）中草药恢复法

中草药在保健强身方面具有独特效果。一些中草药及其制剂，如田七、刺五加、丹参、枸杞、当归、阿胶、冬虫夏草、红景天等等，对提高运动能力，消除集体疲劳，促进恢复方面都有较好的作用。

第四节 游泳健身的损伤保健

一、蛙泳膝关节损伤及预防

膝关节损伤是蛙泳运动员常见的疾病之一，多见于膝关节内侧副韧带的损伤。这种损伤有时还伴有剧烈的疼痛。

（一）损伤产生的原因

蛙泳蹬腿时，为了使小腿的内侧对准水，蹬腿动作必须使膝和胫骨向外扭转，而内侧副韧带的主要功能是防止膝关节外翻和胫骨外旋，当蹬腿用力不当时，内侧副韧带承受不了这一大强度工作，引起损伤。

初学者或游泳运动员，由于局部负担过重，如单一集中的蛙泳蹬腿教学、蹬腿的训练比例过高或主项蛙泳训练量过多，由局部疲劳而引起的损伤。

动作技术不正确,用力不合理。正确的蛙泳蹬水动作是:腿在蹬水之前,为使小腿对准蹬水方向,要求在收腿结束后两膝内扣,使踝关节向外翻转,形成脚趾朝外、脚掌朝上、脚弓朝后状态,蹬腿要有节奏。

(二)预防措施

加强下肢力量训练,特别要加强大腿内收肌群的力量,包括大收肌、长收肌、耻骨肌、肌薄肌等等。训练前,做好充分的准备活动,如多做膝绕环、下蹲、左右侧压腿等练习,还可用手按摩或用水摩擦膝部。

在蛙泳教学中,可把划手和蹬腿交替穿插起来进行练习。蛙泳训练的比重要恰当,不要过分集中单一蹬腿动作,以防局部疲劳而引起损伤。

发现膝伤后,应减量或停止训练,或改变泳式,等伤愈后再训练,严重者就医。

二、游泳性眼结膜炎及其预防

游泳性眼结膜炎,医学上称"急性结膜炎",俗名"红眼病",因游泳时感染的,故叫"游泳性眼结膜炎"。症状是眼发红、刺痒、结膜充血持续不消,并有怕光、流泪和眼屎增多等症状。

预防措施是加强池水消毒,池水中的余氯含量要控制在 2.4~0.8 指标范围内。禁止患"红眼病"者游泳,以免感染他人。另外,有条件的可戴游泳眼镜游泳,以免受氯气侵入或细菌感染。游泳后,最好上一些氯霉素眼药水或金霉素眼药膏。

三、耳病及预防

耳病是指耳部所患的疾病。这里指的是,因游泳而引起的外耳道感染和中耳炎。其症状是:耳部红肿发烧,疼痛剧烈,严重者流脓血。患中耳炎者,还伴有头痛、发烧、恶心、呕吐等症状。

(一) 产生原因

1. 游泳池水不清洁,细菌侵入外耳道或水通过咽管侵入中耳。
2. 游泳时,水灌入耳内未能及时消除,用手指或外物挖损外耳。或耳膜被挖破穿孔,细菌直接侵入外耳和中耳。
3. 上呼吸道发炎、感冒时游泳等等。

(二) 预防

要到水质经过严格消毒处理后的游泳池或天然游泳场去游泳;凡患有耳膜破裂或穿孔者,停止游泳;要注意正确呼吸,避免呛水。最重要的是,耳内灌水后不要随便挖,可用"跳空法",即头侧向灌水耳一侧,并用同侧脚连续震跳,使水从耳朵内流出来。还有一种方法是将头偏向进水耳朵一侧,用手掌紧压在该耳的耳郭上,屏住呼吸,然后迅速提起手掌,一压一吸,连续做几次,即可将水吸出。

四、鼻窦炎及其预防

鼻窦是指鼻腔两侧的颅骨和面骨内四对含气空腔的总称,分别依其所在的颅骨命名为上颌窦、筛窦、额窦和蝶窦。因其开口与鼻腔相近,鼻窦的黏膜与鼻腔相近,所以在游泳中,如果呛水,就有可能把水带进鼻窦。其症状是:鼻梁两侧上部疼痛,鼻流清水,严重时流脓鼻涕等黄色分泌物。

(一) 产生原因

鼻窦炎产生的主要原因是游泳时呼吸不正确,鼻冲水或口呛水时,带有细菌的水侵入鼻内,在身体抵抗力弱的情况下引起此病。

(二) 预防措施

鼻窦炎的预防主要是掌握正确的呼吸方法,避免呛水。若发生鼻子进水,不可用力捏鼻子,因为这样会把水从鼻咽腔挤弄到中耳里去,容易引起中耳炎。如果已发生鼻窦炎,则要听从医嘱,抓紧治疗,或在游泳后用热毛巾放在鼻梁上做热敷,以促进局部血液循环,帮助消炎。

第六章 青少年游泳健身科学化研究

第一节 婴幼儿游泳健身科学化研究

按年龄特征分类：婴幼儿期体育是 0~6 岁，儿童期体育是 7~12 岁，少年期体育是 13~17 岁。婴幼儿期体育是人生体育的第一步，对孩子的一生健康成长和体育生活都有极重要意义。早在古希腊，亚里士多德就提出过"人生教育从体育开始"的主张。

目前，世界各国的儿科医生和有经验的教师，都推荐游泳作为儿童体育锻炼的项目。婴幼儿游泳开始于美国和澳大利亚，现在英国、俄罗斯、法国、德国、匈牙利、捷克、斯洛伐克、日本等国开始效仿。世界各国对年轻一代，特别是少年儿童的身心发育尤为关注，创办了各种形式的游泳学校，举办了不同类型的学习班和训练班，创造一切条件使少年儿童得到更好的锻炼。

婴幼儿游泳的目的在于使婴幼儿掌握游泳技术，防止发生溺死事故。但更主要的目的应该说是让孩子从小亲近水，通过水中玩耍，促进其健康发育。实践证明游泳对婴幼儿有利无弊，对婴幼儿身心发育有良好的影响。

婴幼儿游泳在我国还不够普遍，除经济条件所限外，还源于传统思想的影响，特别是当前年轻父母只有一个子女，更不愿自己的儿女在生后不久即进行水中活动。因此，在我国开展婴幼儿游泳还有待于大力宣传和开拓。

一、游泳能促进婴幼儿的心理和动作的发展

人类的游泳活动与动物游泳不同,它是一种有意识的活动。婴儿生下来就具有高级的感觉能力,对动作的理解和模仿是这些能力的一种。

医学界发现六个月的婴儿即能辨认出他们曾通过某个画面接触过的物体。他们认为婴儿把曾经接触过的物体和当时看到的物体互相联系的能力,是产生符号思维和想象力的基础;心理学家也发现七个月的婴儿能由于认识某种动物而认识某种动物玩具。这种视觉联想是婴儿归纳思维方法的表现。

实践证明,通过感觉刺激和早期运动锻炼能够加快婴儿的发育。而水中游泳是起到两种作用的最好方法。游泳给人一种特殊的感觉。水的湿度和气味都与空气不同,传播声音也不同。物体在水中或水上与在陆地上给人的感觉也不一样。水能刺激人所有的感觉器官,由于人在水中重力减轻,水对孩子来说是个相当理想的环境。

早期的身体和心理刺激对孩子发育有明显的帮助。许多父母甚至感到早期水中锻炼使他们的孩子变得反应灵敏,动作更加灵活了。现代科学研究发现,早期运动刺激,如婴儿游泳与孩子感情发展也有着一定的联系。

二、游泳能增进父母与孩子之间的信息交流

家长学习如何在水中引导孩子学习动作的过程,也是和孩子共同学习另一种动作语言的过程。非语言的动作交流,是孩子开始了解你和周围环境的唯一方法。因此,孩子与大人的信息交流和学习都是通过身体动作。

主要内容包括在水中站、坐和直线前进。随着婴儿的发育还可增加游戏。可以根据动作的内容加以简单的字句说明,还可以配乐。家长或教师要有准确的握法,柔和完成每一个动作。要注意,只能在静止状态下,从一种姿势变成另一种姿势,不能没有固定的位置随便乱动。

第六章 青少年游泳健身科学化研究

由于人的动作在水中被充分缓冲,在水中与孩子接触时,观察孩子动作的平稳性和节奏感,可以了解孩子的学习情况。所以,当你第一次把孩子带到宜人的水中,彼此用动作语言进行交流时,你的孩子将知道在水中你对他的需求,会作出协调反应,他会信任你。儿童教育专家认为,懂得信任是孩子成长过程中的一个极其重要的里程碑,是共同学习的基础。因此,我们通过水中的动作语言来观察婴幼儿接受游泳动作的学习。

三、婴幼儿游泳须知及注意事项

游泳对婴幼儿的发育有各种各样的好处,但同时也潜在很多危险性。对婴幼儿来说,游泳产生的影响未知因素很多。因此,要充分做好事先的健康检查,根据每个婴幼儿情况采取适宜的游泳方法。教婴幼儿时,教练和母亲应注意以下几点,千万不要忘记安全。

1. 让婴幼儿游泳时,首先让医生检查婴幼儿的发育状况,健康状态,确定是否适合游泳。

2. 根据孩子的情况适当地指导孩子游泳。婴幼儿的发育有很大差异,千万不要千篇一律地按年龄大小考虑问题。

3. 水具有很好的传热性,要注意人的体温容易降低。婴幼儿体表面积与体重相比相对较大,体温中枢尚不发达,比大人容易受影响,这是婴幼儿的一个特点。长时间待在寒冷游泳池里,他们体温会马上降下来。因此,要充分注意水温。可以将游泳想作洗澡的延伸。

出生一个月的婴幼儿刚开始学游泳时的水温在38℃左右,以后每个月下降1℃;3个月内水温要控制在35~37℃;4个月~1岁时,水温32~35℃;1岁以上水温30~32℃;较为适宜的室温25~27℃较为理想。

4. 婴幼儿肌肤比较敏感,皮肤、黏膜抵抗力差,因而要注意控制游泳池水的残留氯气和PH值平衡,避免强烈刺激皮肤和眼睛。

5. 饭后一个小时游泳,最好能使胃中的食物充分消化后进行运动。游泳后至少要在20~30分钟之后再进食,因为运动后肠胃的功能很差。

6. 婴幼儿的水中运动是条件反射性的，不要指望它的效果会持久。他们在水中活动身体或者漂浮起来，都不过是动物性的反射动作。因此，即使您想教会婴幼儿正式的游泳方式，也难以办到。婴幼儿的游泳最好当作是玩水延伸而已。

7. 婴幼儿体温调节功能尚不发达，不要在水中泡得太久，尽量在水中活动身体，可以不时地从水中走上来，玩玩球，玩玩滑梯，做做徒手操等等。

8. 从游泳池上来后，最好冲个淋浴，但婴幼儿要冲温水浴，要充分注意调节温度。

9. 游泳时往往耳朵会进水，出水后，要仔细把耳朵擦干净，最好用热毛巾或者脱脂棉擦去耳朵中的水珠。

10. 游泳对婴幼儿来说，也是一项强度较大的运动。游泳后要注意休息，最好睡一觉。

四、婴幼儿游泳的具体练习方法

1. "水中浸泡"法

双手托住宝宝的腋窝和胸廓上部，浸水数次。练习几次后可改为双手抱腋下，大拇指握住宝宝的肩胛骨，其余四指抱住宝宝胸部。浸水的尺度由浅至深，最后可到下颌处。见图6—1所示。

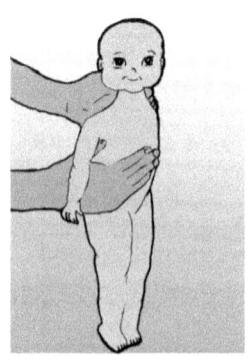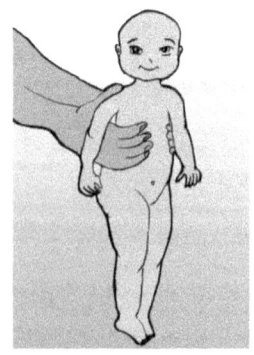

图6—1 水中浸泡法

2. "垂直摇摆"法

左手扶住宝宝的后脑勺,右手托住臀部。使宝宝身体从水平仰卧摆至垂直姿势,再摆回仰卧姿势。速度由慢至快,每次持续2~3分钟。休息时使宝宝身体保持垂直,此时左手四指分开,护住宝宝的胸部,大拇指顶住宝宝的下巴,右手托住宝宝的后脑勺。见图6—2所示。

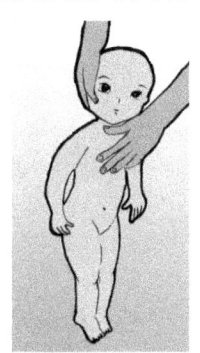

图6—2 "垂直摇摆"法

3. "仰式摇摆"法

两手托住宝宝的背部,两个大拇指像"锁"一样卡住宝宝的肩膀,让宝宝呈仰卧姿势在水中摇摆。练习几次后改为一手托住宝宝的后脑勺,随着练习次数的增加,可由最初的5个手指过渡到2~3个手指,逐步减少支撑,最后让宝宝带着专用游泳圈仰卧在水中自由游动,此时,父母可以抓住宝宝的双脚做蹬水或打水动作。见图6—3所示。

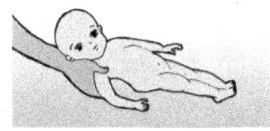
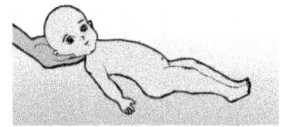
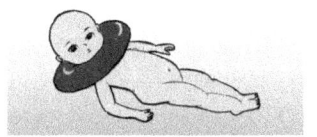

图6—3 "仰式摇摆"法

4."俯卧摇摆"法

双手托住宝宝的胸部和下巴,在水中左右摇摆。练习几次后改用一只手托住胸部,大拇指顶住其下巴,做加速摇摆。最后让宝宝戴上专用游泳圈俯卧在水中自由游动,此时,父母可以抓住宝宝的双手和双脚模仿青蛙做划水或蹬腿动作。见图6—4所示。

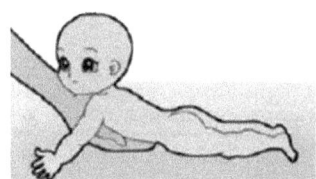 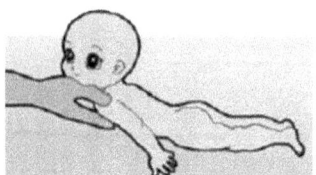

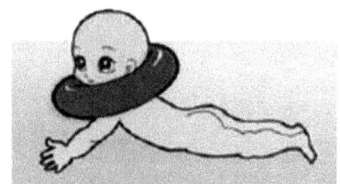

图6—4 "俯卧摇摆"法

5."仰卧蹬壁"法

在"仰式摇摆"练习的基础上,将宝宝的双脚放在池壁上,看他有没有"蹬壁反射"。如有"蹬壁反射"则有利于宝宝在水中积极游动。见图6—5所示。

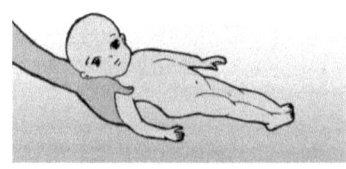 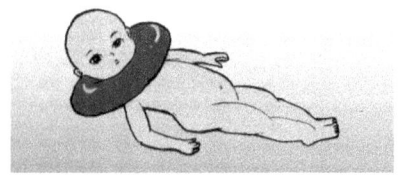

图6—5 "仰卧蹬壁"法

6."跷跷板"法

宝宝呈俯卧姿势,父母用双手把他托在水面上,一手采取"拱形"

托扶方式托住下巴，另一手抱住小腹及大腿，在水中前后摆动，仿如"跷跷板"。见图6—6所示。

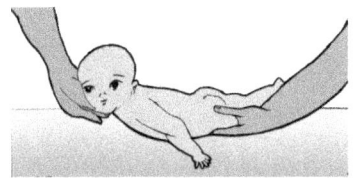

图6—6 "跷跷板"法

7."后抱托"法

双手抱住宝宝的腋下，大拇指握住他的肩胛骨，其余四指抱住胸部。先做一些基本的飘浮和滑行练习，为"独立游泳"做准备。练习一段时间后，可以让宝宝腰带浮具在父母的陪护下练习游泳。见图6—7所示。

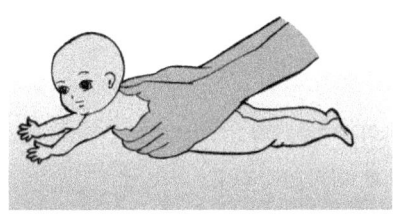

图6—7 "后抱托"法

以上七种练习方法可以穿插练习，但一定要循序渐进，不可操之过急。条件允许的情况下，可以每天让宝宝游一次，每次10~20分钟，练习时间逐渐延长。在水中休息时，尽量让宝宝的身体保持直立。

婴幼儿练习游泳应在专业医护人员的指导下或父母的陪伴下进行，游泳时，最好播放优美舒缓的音乐，这样有助于婴幼儿的学习。游泳结束后，要迅速用大毛巾裹住宝宝的身体，擦干水迹，以免着凉。

第二节　儿童游泳健身科学化研究

按年龄特征分类 7~12 岁为儿童体育期。学生的自我意识得到充分发展，但却不能有目的地将健身锻炼与健康成长和全面发展有机地结合起来。

本年龄段，特别是 10 岁以下的儿童身体还没有充分成长，在实际运动中，运动的量和强度均不能过大，动作也不要过于复杂，更不宜做力量性的，如举哑铃、蹲杠铃等负重的动作练习。正式的力量训练应在身体发育停止后进行。

儿童在 10 岁以前身、心尚未成熟，不宜只做身体局部的运动，如掷铅球总是使用一只胳膊，用一只脚踢足球等等，过多从事这样的运动就会带来身体障碍，所以应选择对成长期的儿童较适宜的游泳项目，并在练习中加上玩耍和游戏内容，使儿童在学习中感到快乐，体验到游泳的乐趣，避免颈、肩、腰、膝、踝等部位因过度训练而引起的损伤。

7~8 岁的儿童游泳时就可以学习基本技术了，但应让儿童在掌握游泳技术的过程中体会到游泳的乐趣，练习时间每次应控制在 1.5 小时左右为宜；每周的练习次数 2~3 次左右为宜。以快乐和健康为目的组织儿童进行表演赛、接力赛，让孩子体验游泳运动与玩耍的兴趣，促进身体和精神更全面的发展。

一、消除儿童游泳教学怕水心理的有效方法

（一）对产生怕水原因的解释

心理学认为是一个非常复杂的发展过程，他的产生依赖于种种原因，如刺激的类型、环境的熟悉性、儿童发展的水平等等。因此，只有了解儿童产生害怕的原因，才能预知儿童在游泳教学中可能出现的

害怕心理，以至有效地预防和克服。心理学对儿童害怕水的年龄特征已有较明确的论述。1969年，巴尼特对儿童害怕的发展做了研究，她发现，从总体上看，7~12岁的儿童其怕水基本是没有差别的，年龄越小的孩子越容易产生怕水心理及心理障碍，年龄越大的孩子随着年龄的增长产生怕水的心理越小。

（二）克服怕水心理的几种经验型做法

1. 榜样塑造法

榜样不仅能使儿童获得良好的行为习惯，高尚的思想品质，还能帮助儿童克服怕水的心理，是教师非常喜欢的一种行之有效的方法。然而榜样塑造法有它不利的一面，尤其在初学游泳教学中。如上新授内容时，对学生水平了解不够深入的话，可能使进行示范的学生出现慌乱现象，这会在部分学生中造成负面影响。根据经验，在游泳教学中，用中等或中等偏下的学生做示范，比运用优秀学生做示范效果明显。因此，在运用榜样塑造法时，一定要对示范学生有所了解，最好在做示范动作前先让他练习一下要示范的动作内容。

2. 说明情由法

在教学过程各阶段儿童都可能产生怕水情绪，教师可用简单的道理或示范讲解，使他们对所要进行的练习有一个比较清楚地认识，这样可消除一些人的怕水心理。实际上，这种方法是最有效、最简单易行的方法，也是教师运用最多方法。实验表明，总有效率为90%以上。

3. 游戏教学方法

在教学中游戏教学方法对儿童的害怕心理起到缓解消除作用，也会使整个教学气氛更加活跃。例如，儿童开始学习呼吸练习时，没有掌握好要领往往会呛水，这时产生的害怕心理对下一步教学形成心理障碍，所以采用游戏法来转换教学中单一的吸气、呼气方法。

4. 表扬教学方法

帮助儿童建立克服怕水的信心对于教师来讲是非常重要的。儿童学游泳归根到底还是要靠学生自己来完成,所以如何使学生对学习发生兴趣、建立信心、超越自我,是一个很有研究意义的问题。例如,教师常用的方法是表扬学生所做的动作,最好使同学能在全班面前做一做示范动作,这样可以迅速提高学生的自信心。

5. 熟悉游泳教学场地和环境

儿童第一次下水前先要熟悉一下教学场地和环境,介绍训练器材和安全事项不要急于下水,让儿童松弛紧张的心理,一般先坐在池边打水,逐渐适应对水的感觉,建立游泳兴趣,第一节课时间不宜过长。

6. 提供爱、理解和支持

教师和学生的关系对于学生克服怕水心理也有很大作用。因为,儿童希望有一个自己熟悉、信赖、喜爱的教师来教自己,以获得心理上的满足,所以教师在教学中要尽量避免用不给予爱的方式作为惩罚儿童的手段。练习时,尤其是遇到困难时应予以鼓励、支持、帮助来解决儿童心理上的冲突,从而达到克服怕水的目的。

7. 满足儿童安全感

让儿童心理上有安全感是非常重要的。例如,浅水区和深水区教学从其效果上看,浅水区的教学效果明显优于深水区。在浅水区,学生没有潜在安全上的威胁,因此练习时,身体肌肉基本是放松的,学习动作较快。

8. 教学时间和方式相宜

一般来说儿童的教学时间不宜过长,应为45分钟,因为儿童注意力时间在20分钟左右,时间过长反而使儿童精神过于疲劳,所以教学中应给与他们不受拘谨的自由活动时间。另外,教练幽默的教学语言也是活跃课堂气氛的一个保证,现在孩子对教练或老师说的一句话要比父母说的十句都要有力度,所以在保证教学训练的同时,布置家庭作业也是必不可少的,如,回家趴在床上打腿,在洗脸盆里练习憋气,在镜子前练习技术模仿等等。

9. 发挥教练的艺术天赋进行直观教学

学生恐惧时教练是最好的调解剂，教练在学生的心理是一个行为楷模，教练的教学手段和表现才能直接影响教学质量，而且现在的学生模仿能力强，教学中多采取直观的教学方法，教练多说多做，学生通过直观的视觉效果在脑海里对教学动作有了深刻的印象，好的教练员应该把握住训练气氛，尽量用准确的肢体语言引导学生，和学生心灵相通相融。教练好比一部有趣的动画片，让学生喜爱你，能够读懂你，这样才能使学生愉快的教学中更加喜爱游泳，早日掌握游泳技能。

10. 积极预防溺水现象的发生

在游泳教学中，学生如果有过溺水或溺水的体验，都会给学生心理造成程度不同的怕水心理及心理障碍，对游泳的教学极为不利。因此，在教学中应尽量避免在儿童毫无准备的情况下，突然出现一些强烈的刺激使学生出现不应有的溺水现象，以免给教学带来不必要的困难。

二、儿童游泳的具体技术教学

运动成绩是由多种因素构成的，取得优异成绩必须具备良好的体能、合理的技术和优秀的心理素质。游泳是体能项目，技术是表现体能的载体，合理的技术可使运动员在最经济的体能消耗中创造优异成绩，而且也影响运动寿命和将来能否攀登上世界泳坛高峰。但要建立符合运动员个体特点的技术风格绝非易事，需要在初学、训练阶段就打下扎实的规范技术基础。因此，技术训练要贯穿于长期教学训练过程中，要经常不断改进技术，使技术更合理，更完善。

(一) 技术训练的重要性

游泳训练中，技术训练是基本环节。在优秀运动员的成长过程中，就是不断改善技术，提高训练水平的过程，技术动作的好坏，直接影响成绩的提高。因此，在基础训练阶段，首先着重于技术教学。

由于技术训练与提高身体素质的训练是相互依存、相互制约的关系，在各年龄阶段应有不同的技术要求。对于7~10岁儿童来说，他们的神经中枢具有发育不完善、易兴奋、易疲劳这一特点，在技术掌握上，易走样也易消退。一般来说，7~10岁的儿童应以技术训练为中心，数量为基础。技术的改进和规范化，在这一训练阶段中所处的地位相当重要。所以，在训练中应该把技术训练始终贯穿在全年训练中。训练初期，每周以两种姿势为主，如蛙、自由泳交替练，自由泳、仰泳交替练等等，四种姿势依次循环。技术训练前，注意诱导性训练，先通过陆地模仿、分解等手段、教练边示范，边讲解动作要领，着重指出蝶泳、蛙泳两种姿势中的相同点和不同点；自由泳、仰泳姿势及基本动作的相同和不同点；引导队员逐步形成正确的技术概念，使队员对技术训练始终保持较高的兴趣。

(二) 技术训练的方法和手段

儿童在初级阶段训练主要任务是使他们掌握规范化技术，提高体能，为进入高一级的训练奠定基础，培养、形成具有个人特点的技术风格，即合理技术是技术训练的最终目的。所以，在技术的教学训练中，考虑到7~10岁儿童的生理和心理特点，在训练中可以主要采用以下方法及手段。

1. 正确的动作示范

首先请一些优秀运动员或老队员在水中进行规范动作的示范，使队员们了解所学的形象、结构和顺序，是帮助队员掌握正确动作的一个基本路径。队员们通过直观的感觉去识别什么是正确技术和错误动作，然后让每个队员游某种姿势，让他们自己评定自己或他人技术的好坏。实践证明，7~10岁儿童是完全可以区分正确与错误的粗略界线的。通过以上方法，强化了技术概念，使他们知道易出现的错误和毛病，提高了他们的思维能力。

2. 勤讲多练

儿童的理解能力比成年人差，"精讲"就不如"勤讲"效果明显。

通过多年的执教,"勤讲多练"应体现在勤指导,多示范上。例如,许多初学的队员游自由泳时,两腿左右摆动,不打水动作不正确,这时教练员应及时指正,这样反复多次,他们终于能准确打水动作,左右的摆动作也消失了,游进的速度加快了。

3. 快慢结合

技术训练中,应注意培养儿童掌握快速、实效、协调的技术。例如,用快速打腿,快速划手,快速配合动作等等,以求掌握和巩固正确的配合技术,如果全采用快速练习,儿童显然接受不了,会造成技术动作变形。所以在技术训练时,要注意快慢结合,以适应训练和比赛的需要。

4. 长短距离变换游

由于儿童活泼好动,不能长时间集中注意力,长距离连续游时,技术动作可能出现很多错误及习惯性毛病,这时教练员应多采用15~25米短距离重复游,在池边观察,随时纠正,会收到较好效果。

(三) 技术训练要从腿部动作开始

多年来游泳技术教学训练的经验得出,在四种姿势技术训练中,腿的技术是关键。这是因为:不论游什么泳式,运动员的身体都要与水而成水平状态,所以从初次练习开始,就应当教会儿童在水中采用水平姿势和借助腿部力量推动身体游进。人体下肢的比重比上身大,如果俯卧在水中,两腿自然下沉,所以学游泳更应先从腿部学起。腿部动作在高速游泳中能增加身体的稳定性,保持身体的平衡,减少身体的左右摇摆,使身体形成良好的流线型。儿童腿部力量增长最快,原因是儿童喜欢蹦蹦跳跳,这有助于下肢骨骼、肌肉的发育生长。

儿童容易兴奋,也容易产生抑制。同样的动作持续反复练习儿童就会失去兴趣,注意力也不易集中,容易疲劳。因此,在教学训练中进行腿部的练习时要注意内容多样化,要使练习带有一定的竞争性,还要注意动作的正确性,否则,一旦养成错误习惯动作就难以纠正并影响技术水平的提高。

由于注重基本训练，队员成绩提高幅度较大。如杨锦锋、钟沛华同学，9岁时进体校，不懂水性，身体条件也一般，初学时，根据个人的特点，先使他们对游泳产生兴趣，然后逐渐过渡到技术基础教学。在训练过程中，反复强调诱导，示范正确技术，使他们从小有正确的概念。同时分两步安排教学：一是狠抓规范技术基础，建立四种姿势技术概念；二是注意节奏培养，要形成良好的技术风格。经过两年的精心教学和突出基本技术训练，他们腿部技术提高较快，50蛙泳腿由原来的1分18秒，1分30秒提高到48秒、50秒。在2007年全国少儿游泳锦标赛中，分别获得男子12岁组100米蛙游第一名、第二名，杨锦锋还获得蛙游全能第一名。

纵观当今国内外优秀游泳运动员的成长过程，可以发现，他们在儿童期训练中，非常重视四种姿势的技术训练，从小牢固、正确地掌握了四式技术，甚至当他们达到世界先进水平后，仍是非常重视基本技术训练。正如曾获得几届奥运会游泳金牌运动员比昂迪所说："如果我将来做一名游泳教练，教孩子们游泳，我将更加重视技术训练，而不是其他方面的训练。"可见技术训练的重要性，在今后的教学中，技术训练要有明确的指导思想。应根据儿童生长发育的特点，使队员形成正确技术框架，抓住各泳式的关键技术与节奏，不断完善、巩固，最后形成正确合理的技术动力定型。

第三节　少年游泳健身科学化研究

游泳是大众健身和娱乐的体育项目，深受广大少年的喜爱。经常参加游泳运动能调节体温，改善神经系统，提高心血管功能。所以，研究少年游泳具有一定的现实意义。

第六章 青少年游泳健身科学化研究

少年游泳是专用安全措施保护下,经过专业培训人员教导和看护,而进行的一项特定的、阶段性的水中健康保健运动。它通过水的压力、浮力、水流的冲击力和水温使人体皮肤、肢体、关节、骨骼进行主动和被动的活动,刺激少年的视觉、听觉、温觉、触觉、平衡觉,间接地作用五脏六腑及神经系统,达到促进感觉组合能力协调发展、促进和加速生长发育与健康的目的。因此,这种以"健身、实用、娱乐"为目的的游泳项目,已越来越被人们所重视,被誉为21世纪最受人们喜爱的体育健身活动。但不良的游泳习惯,会对人体的健康产生负面的影响,因此,正确的认识游泳与健康的关系,为进一步推广游泳健身活动提供理论依据。

一、游泳运动对少年健康的影响

(一) 对心血管的影响

人身体在水中,水对身体有压力,随着深度的增加压力也随之加强,而且游泳速度加快时,压力也随之加大,身体为了不断地克服压力负荷,身体的心室和心房的肌肉组织得到改善提高,使心脏的容量加大,每分跳动的次数减少而有力,经常游泳人的心率要低于正常人的心率。在游泳过程中血管机能得到提高,血管的弹性加强,身体的抵抗力得到提高。游泳时,水的作用使肢体血液易于回流心脏,使心率加快。长期游泳会有明显的心脏运动性增大,收缩有力,血管壁厚度增加,弹性加大,每搏输出血量增加。血液循环系统承受的压力越大负荷越大,身体素质就越好,耐力等方面更加突出。因此,游泳可以锻炼出一颗强而有力的心脏。

(二) 对呼吸机能的影响

呼吸肌要用力克服水的压力,使呼吸加紧,肺活量加大,增强对外界刺激的适应能力,从而减少疾病的发生。同时,游泳能使肺部肌肉纤维增多、变粗、肌力增强。游泳时,正常人的肺活量在3000~

4000 ml，参加游泳锻炼的人或运动员比同龄同性别的不同人高20%左右；而水波、水压力对皮肤的拍击，对外周血管及胸廓起到按摩作用，使肺活量增加，胸廓加宽。经常在水中锻炼可以提高换气效率和摄取氧的效率。

（三）对消化系统的影响

上世纪60年代，国外学者得出结论，游泳抚触后，胃肠道激素如胃泌素、胰岛素释放增多，使食欲增强，并提高对食物的吸收率。以上激素分泌时与迷走神经张力增加有关，所以鸟氨酸脱羟酶与生长激素水平升高，也使少年生长速度加快。经过游泳锻炼少年的胃肠道对食物的吸收能力增强，食欲增强。研究表明，游泳锻炼的少年食欲好、排便快、睡眠有规律。由于游泳时水的导热性比空气大，人在水中活动比在陆地上活动消耗能量多，肠蠕动增强，排便多，锻炼30分钟后更加有利于吸收更多的营养。

（四）能够增强人身体神经系统机能

游泳运动要求神经系统具有长时间保持兴奋和抑制节律性转移，协调运动中枢与内脏中枢活动的能力，借以保持肌肉收缩和舒张，为良好节律以及运动器官和内脏器官运动之间的协调配合，可提高人体的耐力素质。运动技能越熟练，神经肌肉之间的协调性越好，神经过程的灵活性越高，动作速度和位移速度也越快，可提高人体的速度素质。随着长期系统的游泳运动，掌握运动技能越多、越熟练，大脑皮层的中枢联系就越迅速和准确，动作反应也就越灵活，中枢系统控制肌体迅速作出反应的一种自身能力，与肌体自身已掌握的运动技能数量及其熟练程度有关，提高人体的灵敏素质。

（五）游泳与能量代谢

游泳对人的身体非常有益，水温能够刺激皮肤表面的血管，冷的水能够促进血管的收缩，进而防止身体能量的流失。同时，身体加紧产生热量使皮肤的血管扩散,改善皮肤血管的供血机能。游泳是体能主导类速度性项群和体能主导类耐力性项群,长时间和短时间的运动,肌糖元都会显著降低,进而消耗大量的能量,促进脂肪氧化,抑制脂肪的合成,研究表明。长时间的游泳有助于减肥和健身。同时,提高肌肉代谢能力,增强体质和促进健康。

(六) 游泳与免疫力

游泳池的水温常为 26~28℃,在水中浸泡散热快,耗能大,为尽快补充身体散发的热量,以供冷热平衡的需要,神经系统便快速做出反应,使人体新陈代谢加快,增强人体对外界的适应能力,抵御寒冷。经常参加冬泳的人,由于体温调节功能改善,就不容易伤风感冒,还能提高人体内分泌功能,使脑垂体功能增加,从而提高对疾病的抵抗力和免疫力。

(七) 游泳与健身

游泳时身体直接浸泡在水中,水不仅阻力大,而且导热性能也非常好,散热速度快,因而消耗热量多。实验证明,人在标准游泳池中游 20 分钟所消耗的热量,相当于同样速度在陆地上的 1 小时,在 14℃ 的水中停留 1 分钟所消耗的热量高达 100 千卡,相当于在同温度空气中 1 小时所散发的热量。由此可见,在水中运动,会使许多想减肥的人,取得事半功倍的效果,所以,游泳是保持身材和健身健美的最有效运动之一。

人在游泳时,通常会利用水的浮力俯卧或仰卧于水中,全身松弛而舒展,使身体得到全面、匀称、协调的发展,使肌肉线条流畅。在水中运动,由于减少了地面运动时地对骨骼的冲击性,降低了骨骼的老损概率,使骨关节不易变形。水的阻力可增加人的运动强度,但这种强度,又有别于陆地上的器械训练,是很柔和的,训练的强度又很容易控制在有氧域之内,不会长出很生硬的肌肉块,可以使全身的线条流畅、优美。在游泳学习锻炼过程中,要循序渐进,合理安排运动量和强度,是身体与外界的适应能力提高。

游泳是健身娱乐的体育运动项目,经常参加游泳运动能改善身体的体温调节功能,增强体质健康,改善心血管功能,提高神经系统的能力,提高身体素质,锻炼少年意志品质等等。游泳不仅能够增强体质、增进健康、延缓衰老和促进人体形体的健美,而且还是医疗体育的一个重要治疗方法,即游泳对心脏、血管、消化、神经系统的慢性疾病患者,都有一定的疗效。游泳在人类身心健康中起着重要的作用,对预防疾病,提高免疫力,增进健康,培养良好的心理品质都有着不可替代的作用。

二、少年运动员游泳基础技术训练的具体教学方法

游泳是一项体能与技术要求很高的项目,技术的好坏与体能的高低直接影响运动成绩及运动年限。对于少年运动员来讲,掌握正确的游泳技术,为将来创造优异运动成绩打好扎实的技术基础是非常必要的。而技术的掌握和改进只有通过系统训练才能使其更加合理与完善,可见,基础技术训练是少年运动员游泳水平改进与提高的重中之重。因此,探讨针对少年运动员游泳技术的教学训练的有效方法,对于促进我国少年运动员游泳水平的提高,具有重要的现实意义和应用价值。

(一)积极培养正确技术意识

由于少年中枢神经发育不完善,技术掌握上有易改进也易消退的特点,这时要培养运动员正确的技术概念,反复强调、重复循环、示范正确技术动作,使其从小对技术动作有正确概念。少年运动员的基础技术训练目的是培养粗略动作,教法主要采用示范和讲解,每次训练后队员因对动作留有一个完整的痕迹,多次训练后这些痕迹才会在大脑中固定下来。基础技术很重要,也就是说运动员第一阶段动作定型重要性大于以后训练,如开始动作不规范,并在大脑皮质内形成动力定型,对今后动作改进不利。所以,要合理安排每堂训练课,打好足够扎实的全面基础,在其不受客观条件影响下,有准确动作模式。

第六章 青少年游泳健身科学化研究

可见，只有培养正确技术意识，才能为以后技术发展打下良好基础。

（二）实现技术训练与身体素质训练相结合

游泳成绩取决于技术和身体素质，身体素质是掌握技术的物质基础，而先进合理的技术才能充分发挥运动员的身体素质，技术训练和体能训练是相辅相成。我们不但要认识游泳技术训练的重要性，还要正确认识游泳技术训练与少儿运动员身体素质训练的关系。少年运动员初期训练时，容易出现技术错误，原因就是动作不熟练，特别是缺乏游泳所需的专项力量。技术训练要与相关的身体素质训练相结合，因为特定的技术必须具备相应的身体素质。全面提高体能素质，才能更好地掌握与完善技术。只有这样才能在少年运动员的教学与训练中，提高训练的效果和效益。

（三）实行短距离间歇法掌握技术环节

由于少年运动员年龄、生理及心理特点，很难长时间集中注意力，而在此时期又需要打好有氧耐力基础，需要采用长游练习提高耐力。在长距离训练中，技术动作会出现很多错误及习惯性毛病，如果不及时纠正，会形成不良习惯。因此，采用灵活的短距离间歇训练，每25米换一种姿势的间歇游适合少年运动员的训练。采用短距离快速技术的正确教法是进行完整练习的同时，也应该采用分解法练习，注重技术动作的重要环节的训练。为了对运动进一步规范，教学时可向队员讲解一些知识后进行反复练习，提高动作质量。每周也可安排1~2次中长距离带划手掌的变速游，体会水的阻力和划水路线。

（四）运用水陆结合法体会技术要领

陆地模仿练习是少年运动员学习和改进技术经常使用的方法，在水中做不好的动作，就转到陆地来模仿体会技术要领。根据少年神经系统发育尚不完善、掌握技术动作容易走样和反复的特点，在每堂训练课的前10分钟，有计划地采用陆地模仿练习来复习巩固他们已学过的技术。陆地练习要结合技术进行训练，同时要注意动作精准性、能量节省性等等。运用技术模仿进行动作的协调，控制肌肉的练习。陆地练习有着水中练习不可替代的作用，少年运动员通过大量陆地技术模仿练习，掌握正规技术动作。在陆地技术练习后，马上采用水上练习，复习技术动作及改进游泳中动作的不良习惯，通过反复的水陆结合练习，对技术掌握能起到一定的积极作用。

（五）采用分解与配合交替法突破技术难点

采用分解与配合交替游的方法，每 25 米互换一次，是进行各种泳姿技术学习和纠正错误技术动作的首选教学训练方法。在分解游中，可采用单臂游，使运动员注意力集中到一个手臂上，充分体会划臂过程中的技术动作，纠正技术中的错误动作与不良习惯。把复杂的动作分解成单个简单动作，让队员逐个突破。在配合游中，保持单臂游的技术动作不变，强调动作节奏，体会动作节奏在技术游中的重要性。教练员必须理解技术动作和掌握分析动作的方法，还要了解运动技术特点，应明确技术训练过程，技术训练要按个人身体特点练习，要考虑运动员个体差异，区别对待，分组练习。平时训练认真发现问题，特别对一些技术上共性的毛病，要安排专门练习手段，采用分解与配合交替法突破技术难点的教学与训练。

（六）加强辅助练习提高技术动作质量

针对少年运动员年龄阶段，由于生理及心理特点，对单一的训练很容易产生厌倦心理。训练中，可对不同泳姿采用不同的辅助练习。要示范运动员是怎么做动作的和应该怎么做动作。要用形象的语言、手势，让其他运动员模仿该运动员的姿势，要使用挂图、示意图、照片、录像等等。辅助练习的方法多变、形式多样，既可以提高技术动作，评定运动员技术特点，同时还可以通过经常测量分段成绩，确定分段成绩的变化，以便于分析游泳技术。

基础技术训练不是一天、两天就能练好的，在少年运动员的训练阶段，技术训练要贯穿每一堂训练课，要通过每次训练课的反复练习，才能逐渐掌握、日渐完善。而且，技术训练并不只是少年运动员时期的任务，需要贯穿在运动员的整个运动生涯中，在树立正确技术概念的前提下，尽量要求准确，规范技术动作，逐步培养积极、快速、有力的技术风格，注意划水失效，使其动作节奏既强有力，又轻松耐久。只有加大技术训练力度，掌握技术练习方法，才能达到完善游泳技术的目的，从而促进我国少年运动员在游泳技术水平方面的快速提高，为培养世界级优秀运动员打下扎实的技术基础。

第七章 中老年游泳健身科学化研究

第一节 中老年游泳健身益处多

人的肌体是大自然造物的奇迹。它有完善的自我调节系统，能进行生命力的巨大储备。有关专家注意到，个体的各个器官和系统的老化不是均衡的。那些长期有规律地工作并承担定量负荷的器官的衰老，远比其他器官晚些。

比如，打铁工人和从事重体力劳动的人，他们进入高龄后，仍然有强有力的臂部和胸部肌肉。那些长期进行脑力劳动并能进行一定体能活动的人，已到耄耋之年仍然头脑清晰，思想深邃。我们经常听到已经退休的人发出年轻人的声音，听到年迈的歌唱家唱出那浑厚、悦耳的歌声，这是因为他们的声带经常锻炼。

美国的一家医院经过长期的试验得出这样的结论：由于较少的体力活动和人体的自然衰老，人体就要受到双倍的损害。那些整天坐着不动、情绪消沉的老人，血管要发生病变，脂肪沉积增加，关节变得僵硬，专家们肯定地说，体育运动可以推迟衰老的到来。就心脏、肌肉和骨骼的工作质量来说，经常的体育运动可以使人年轻四十岁。积极进行体育活动的七十岁老人，他们的肌肉、心脏和骨骼的工作能力不比很少锻炼的三十岁的人差。更重要的是，积极的生活方式对大脑是有益处的。

一、游泳对中老年人生理健康益处多

(一)游泳运动对中老年人身体形态及功能的影响

对中老年人来说,游泳是一项比较适宜的有氧运动。这是因为水的浮力作用使人在水中的重量只相当于自身体重的10%,不需要用多大力量就能在水中运动自如。此外,游泳时,身体各关节承受的压力和拉力比地面运动项目要小得多,就可避免地面锻炼中的许多不利因素。还有,水的浮力和阻力使人在水中只能缓慢运动,从而也减少了受伤的可能性。所以,对于年龄较大、关节有伤病而不便参加慢跑、爬山等下肢用力较多的老年人来说,适当参加游泳运动可减少关节的负担,有利健康。

身体形态学指标从调查的结果显示来看,游泳运动组男、女平均身高均高于对照组,其中女性身高差异显著。有研究认为,不常参加体育运动的老年人肌体内分泌功能减退较快,由此会引起的体内钙吸收下降,骨质疏松、萎缩等等,从而导致身高降低。体重是反映人体骨骼、肌肉发育情况和营养状况的一个重要指标,同时可以反映在某一阶段健身效果好坏。调查结果显示,游泳运动组男、女平均体重均低于对照组。游泳运动组男、女平均胸围均高于对照组。这一结果的形成从生理学角度分析,应该是游泳时身体承受水的压力很大,吸气时扩大胸廓必须抵抗水压,因此吸气肌,包括胸大肌、胸小肌、前锯肌、肋间外肌和膈肌,必须排除更大的阻力;游泳时需向水中快速呼气,水的密度比空气大,因此呼气肌,包括肋间内肌、胸横肌也更用力,这样就锻炼了呼吸肌群力量,加大了呼吸肌群横截面、长度、肌纤维数量等一系列生理指标,使胸围增大。腰围是反映脂肪总量和脂肪分布的综合指标,调查结果显示,游泳运动组男、女平均腰围均低于对照组。BMI即身体质量指数,克托莱指数亦称"肥胖指数"。这两个指数均是反映身体充实度的,是与体内脂肪总量密切相关的指标,主要反映全身性超重和肥胖。所以在测量身体因超重而面临心脏病、高血压等风险上，比单纯的以体重来认定，更具准确性。调查结果显示，游泳运动组男、女两指标平均值均低于对照组。说明对照组老年人身体内脂肪蓄积较多。由此可见，持续的游泳运动可消耗脂肪、降低体脂。有资料表明，有氧运动可明显增加脂蛋白脂肪酶（简称LPL）的活性，LPL活性增加可促进运动中和运动后体内的脂肪分解，增加脂肪作为能量的利用。因此，长期的有氧锻炼，可以使体内利用脂肪供能的能力增强，从而使瘦体重增加、体脂百分比下降，对预防心血管疾病有良好的作用。

身体功能指标从调查的结果显示来看，游泳运动组男、女心率平均值均低于对照组。在静息状态下，正常的心率范围是60~80次/分，经常从事体育锻炼的人可能会在60次/分以下，这是人心脏收缩水平良好的一种直观体现。由此可见，游泳运动对老年人的新功能具有良好影响。

收缩压主要反映每搏输出量的大小，并与动脉管壁的弹性相关较大；舒张压主要反映外周阻力的大小，心率变化主要影响舒张压。正常成年人上肢动脉收缩压为90~130 mmHg，舒张压为60~90 mmHg。血压过低或过高都是疾病的征象。为了更清晰地比较老年人的血压情况，采用反映心动周期中的血压的平均值脉压来进行综合评定，正常成人的脉压是30~40 mmHg。凡能影响收缩压和舒张压的因素，都可以影响到脉压。当每搏输出量增加的时候，收缩压很高，而舒张压变化较小，结果脉压加大；反之，每搏输出量减少时，收缩压下降，脉压减小。心率减慢，舒张期射血时间延长，舒张末期动脉的残余血量少，舒张压降低，脉压加大；反之，心率加快，则舒张压升高，脉压减少。调查结果显示，游泳运动组男、女收缩压、舒张压均在正常范围之内，脉压略高于正常水平；对照组老年男性收缩压为

137.21 mmHg，高于正常水平；对照组男、女脉压远高于正常水平，与游泳运动组统计学差异呈现出高度显著性（P 小于 0.01）。

相关的研究认为皮肤在水中受到冷刺激后，血管急剧收缩，大量外周血液进入内脏和深部组织，使内脏器官血管扩张。之后，皮肤血管又随着扩张，大量血液从内脏流向体表，这一张一缩，能使全身血管得到锻炼，医学称这一现象为"血管体操"。经常游泳的老年人能增强血管弹性，不仅能使供应心脏的血管分支增加，供应心肌营养的冠状动脉的血流量增多，也能使血液中的脂肪酶增加，加快胆固醇的有效分解，从而降低胆固醇的含量和在血管壁的沉积。这些变化可延缓血管弹性的减弱，对防止或减轻老年动脉硬化及高血压、心肌梗死、脑动脉硬化和血栓形成等心血管疾病有着良好的作用。

肺活量是反映人体肺的容积和扩张能力，也是反映人体生命发育水平的重要机能指标之一。游泳可不断增加呼吸深度和胸廓活动范围。由于水的密度比空气大，人在游泳时要承受 10 千克左右的压力，因此，呼吸肌必须用力以克服水的压力，从而加大了肺活量。据有关资料介绍，参加游泳锻炼的老年人最大吸氧量比不参加游泳的同龄老人要大 30%~35%，常游泳的 60~70 岁的老年人，吸氧水平相当于一般 40~50 岁的中年人的水平，吸氧功能年轻了 20 岁。调查也显示出同样的结果，说明游泳运动能有效改善老年人肺通气功能。水对游泳者的低温及水压力的直接刺激，也使游泳者在水中反射性地引起肺通气增加。因此，在同等负荷强度下，游泳者呼吸系统的功能强化机会有可能会更多。握力和下肢平衡能力的结果也显示游泳运动组优于对照组，王启荣等的研究认为，游泳能全面均衡地锻炼全身肌肉，加强人体御寒能力，改善心血管系统的功能，提高呼吸系统的功能，还可以提高身体的柔韧性。王婴的研究认为，游泳能使萎缩的肌力增强，还能提高动作的灵活性、速度和耐力。游泳能改善四肢血液循环和肌体新陈代谢，对减轻老年人骨组织增生和肌肉酸痛，关节僵直，动作迟缓等老年性改变也很有效。

（二）游泳运动对治疗中老年多种疾病症状的分析

1. 游泳对心脏病、高血压等患者作用的分析

游泳时，人体处于平卧姿势，在水的压力作用下，肢体的血液易于流回心脏，加之游泳时心跳频率加快，心血输出量大大增加。长期从事游泳锻炼，心脏体积呈现明显的运动性增大，收缩更加有力，安静时心率徐缓。在水中皮肤受到冷刺激后，血管急剧收缩，使大量外周血液进入内脏和深部组织，使内脏器官血管扩张。之后，皮肤血管又随之扩张，大量血液又从内脏流入体表，这一张一缩，能使全身血管得到锻炼，医学上称这种现象为"血管体操"。经常游泳的人能增强血管的弹性，不仅能使供应心脏的血管分支增加，供应心肌营养的冠状动脉的血流量增多，也能使血液里的脂肪酶增加，加快胆固醇的有效分解，从而降低胆固醇的含量和在血管壁的沉积。

2. 游泳对肺病、支气管炎等患者作用的分析

经常参加游泳锻炼能使肺的容量增大，肺活量增强。支气管炎是中老年人最常见的一种慢性疾病，随着肌体的逐渐变老，呼吸系统机能也在下降。经常参加游泳锻炼的人，能改善和增强呼吸肌的收缩强度和耐力，提高呼吸者的预防能力，增强了身体免疫功能。这是因为，当人一接触泳池里的凉水刺激时，就会不由自主地急吸气，接着呼吸暂停数秒钟，然后转为深呼吸，随后恢复均匀的呼吸。呼吸长而有力，这样就使那些平时得不到充分利用的肺泡也活动起来，发挥了功能性作用，从而吸进更多的氧气和空气中的阴离子，呼出更多的二氧化碳，提高了呼吸器官的功能，对肺部气管疾病起到了物理治疗作用，使病情得到改善。所以说中老年人游泳，可以延缓呼吸器官机能的减退，有助于预防和治疗慢性支气管炎。

第七章 中老年游泳健身科学化研究

3. 游泳对骨质疏松、颈椎病等患者作用的分析

骨量是随年龄的增长而发生变化的，随着年龄的增长，骨量持续增长约在 35~40 岁达到顶峰，当骨量经历相对稳定的时期后，再随着年龄的增长骨量就会流失，造成骨质疏松。目前尚无安全、有效的方法使骨量丢失的骨骼恢复正常，因此对于骨质疏松的预防是很必要的。我们知道游泳运动是一项全身性运动，它能通过全身骨骼肌活动和水对骨产生的机械压力，刺激骨细胞活性，对成年后的骨骼则能够促进再生，进而促进骨形成、骨强度增加以及骨量积累，减缓随年龄增长而发生的骨丢失。另外，游泳能使萎缩的肌纤维增多、变粗和肌力增强，提高动作的灵活性、速度和耐力，改善四肢血液循环和肌体新陈代谢，对减轻中老年人骨组织增生、关节炎、颈椎病及肩周炎很有效。

二、游泳对中老年人心理健康益处多

世界卫生组织联合会提出，65 岁以前的老年人称为中年人，65~70 岁之间的老年人称为青年老年人，75~90 岁之间的老年人称为正式老年人，90~120 岁的老年人称为高龄老年人。目前，我国已进入老龄社会。据调查，目前的中老年人喜爱的运动很多，那么，中老年人在众多的运动项目中能否找到一项适合自己的运动。随着社会的进步及生产力的发展，以脑力劳动为主的现代生产方式，由于生活水平的不断提高和运动不足，人们的健康受到严重威胁。许多人营养过剩和代谢不好，出现肥胖症、冠心病、高血压、糖尿病、神经衰弱、肌力减退、反应迟钝、记忆力下降、痴呆等现代文明病。许多儿童得肥胖症，40 岁得高血压、心脏病，影响了社会经济活动和生产发展。为防治这些疾病的发生和发展，除注意饮食外，最好的办法就是加强体育锻炼，而游泳是最好锻炼方式。根据国家体科所公布的资料显示，游泳运动将是未来最受欢迎的养生保健项目。许多游泳爱好者将游泳作为锻炼身体、娱乐休闲、人际交往的运动项目，而中老年人为强身健体，也积极参加游泳活动。

1. 心理健康素质的基本内涵

心理素质是健康素质的重要内容之一。它对一个人生命历程、质量，生活方式选择，社会人际交往，事业拓展空间等具有决定性的作用。我国的老年活动中心通过10多年的改革发展，逐渐打破了单一的"增强老年人身体素质"的教育观，开始寻求身、心、社会适应等交互发展的多元教育观。这种观念性的变革对老年活动中心的功能体系、课程设置体系，都提出了更高的要求。

2. 中老年人心理健康的影响因素

心理健康素质的内容体系十分复杂，其影响因素也包含了遗传、环境、教育、社会等各种影响因素。如今的老年人正处在时代变革时期，在传统的锻炼中，中老年人心理健康素质培养被长期忽视。因此，在客观上造成中老年人群体中出现了越来越多心理问题，各种极端事件也常常通过媒体而引起了全社会关注。近些年各种资料显示，中老年人心理健康问题的平均检出率大多在20%左右。面对这一趋势，完善老年活动中心各项体系已经成为当代政府需要解决的重点。

3. 游泳运动促进中老年人心理健康水平

积极参加游泳运动不仅能够强身健体，同时还可以调节和促进心理健康、提高生活质量的观念，已成为现代体育观的一个重要标志。体育活动的这种双重功效，也正在被越来越多的科学研究所证实。体育锻炼具有改善中老年人的情绪、延缓中老年人认知功能的衰退和预防老年痴呆的作用。调查结果表明，积极、持续地参加游泳锻炼的中老年人心理健康总体水平显著地高于普通常人的水平，说明游泳运动对心理健康的促进作用是十分显著的。

第一，中老年人在游泳运动过程中，由于运动本身的作用，在感知觉、思维、记忆、情感，特别是意志品质和个性心理特征方面，都有着积极的影响。首先，老年人在运动过程中身体的感官机能处于兴奋状态，从而提高了神经中枢系统的灵活性和思维的敏捷性，延缓了脑神经的衰老。其次，通过参加游泳比赛，一方面能让中老年人在比赛中体验到满足、兴奋、喜悦、激动、遗憾等强烈鲜明、丰富多样的情感，对于疲劳的大脑和紊乱的情绪都能起到积极有益的调节作用，另一方面，中老年人在进入暮年之后能够参加一定数量的游泳比赛，在赛场上拼搏进取，这不仅向人们展示了健康的体魄，而且也使他们产生了成功感和荣誉感，有效地消除了中老年人焦虑、抑郁等不良的心理问题。游泳运动还可以激发中老年人积极参加体育运动的良好愿望和要求。如果经常接触水，水的温度与水的特性可以使人们减少精神紧张，放松情绪，运动可以让中老年人感觉舒服，对转变中老年人精神状态以及丰富业余文化生活有着很大影响。

　　第二，由于年龄的老化、离退休后比较单调的生活方式，致使中老年人容易产生失落感和孤寂感。这种情感对中老年人的健康是极为不利的，容易产生诸如偏执等一系列心理问题。通过参加游泳运动，其运动本身不仅能很好地消除心理上的积郁，同时在人际关系方面也有很高的社会价值。中老年人人际交往的特点是相对稳定，范围缩小，交往对象选择慎重。相对中老年人来说，要想改善人际关系，不是件容易的事。然而增进社会交流，提高信心是中老年人健康长寿的一个重要原因，和长期保持良好的心态有着很大的关系。老年人可以从经常参加游泳运动的老年队伍中结交新的朋友，可使得一些因子女工作忙，而不能经常团聚或者一些丧失伴侣的中老年人在社交中增强自信心。中老年人通过游泳运动可以结识新朋友，扩大自己的交际范围。在游泳协会这个大集体中，由于共同的兴趣，大家彼此之间能够相互帮助、相互鼓励，充分体会到团队之间的友谊。此外，在运动结束之余，中老年爱好者之间的思想交流很容易形成一种和谐融洽、轻松愉快的气氛，这样有益于中老年人彻底解脱自我封闭的意识，提高人际交往能力，降低敌对性，有助于人际关系的改善。

　　4. 游泳运动在中老年人中的兴起

　　游泳是在"水"这一特殊环境中进行的运动形式。它与陆地运动相比无论是在运动条件、运动形式、感官刺激、心理影响等方面都有很大的不同。从其发展渊源看，这项源自于人类与大自然搏斗而形成的一种求生技能，本身就包含了诸多内在特质。在远古时期的游泳是人类生存的一项基本技能，就如同人类必须要掌握渔猎技术一样，随着人类社会的发展，游泳也逐渐成为满足人们精神文化需求的一种资源。西方大约在公元前813年，已经出现了类似于现代游泳场地的游泳池。而我国的游泳历史则可以追溯得更远，春秋时代的"申池"、"天池"，汉代的"太液池"，晋朝的"焦龙温水池"等都是当时贵族经常玩乐的游泳池。大约在公元前2200年，埃及中王国时期的寺庙学校和宫廷学校开始设置游泳课程。开启现代哲学思潮先河的柏拉图甚至认为，不学游泳的人是没有教养的。到了中世纪，游泳成为欧洲"骑士七技"中必须要掌握的内容。而随着文艺复兴、工业革命等深刻背景的影响，游泳也成为促进人们身心全面发展的有效资源，并迅速成为学校开设的主要课程之一。

通过游泳运动的简要历史回顾，我们不难发现，游泳运动在人类生活中始终占据着重要的位置，对各种群体都能够带来显著的影响。我国的老年活动中心在近些年获得了大发展，"增强老年人健康素质"成为其发展的主导观念。游泳运动以其独特的内涵也日渐在素质教育过程中发挥着重要作用。

5. 游泳锻炼对中老年人心理调节带来的好处

锻炼身体的根本目标是全面提高老年人的综合健康水平，其中主要包括身体素质和心理素质，其中心理素质是培养其他素质的载体。心理健康素质被作为一个专门的研究领域，与当代中国大力提倡和实施素质教育和心理健康教育的背景紧密联系。就目前情况看，虽然众多学者对心理健康素质概念和结构的研究还存在较大差异性，但基本上都有一个共识，即心理健康素质与身体健康素质相对应，它包含着多向度的结构层次，研究对象包括所有的人。天津师范大学沈德立教授主持的教育部哲学社会科学重大攻关课题"青少年心理健康素质调查研究"课题组,解释了心理健康素质的概念,并客观分析大学生心理健康素质的结构。他认为:心理健康素质是一种个体的心理现象,包含心理现象的所有内容。其中人际交往素质、自我的结构、心理活动的动力系统、性格、认知风格、情绪调控能力、应对风格、适应等是这一体系的基本构成要素。游泳运动能增强意志品质,参加者在实践中自信心和信念也会不断得到增强,心理素质也不断得到发展,其表现是意志品质更加坚韧不拔,游泳运动能培养人的健身兴趣与习惯,人们无论参加何种体育运动都是从兴趣开始的,只有兴趣浓厚才能形成实际行动的动机,参加游泳可以实现自身价值,丰富精神生活。

6. 游泳运动对中老年人心理健康水平的促进

心理健康素质的物质基础是生物学因素的完善。从生物学看,人的神经系统由两部分组成:中枢神经系统和外周神经系统。它们的协同活动使个体的身心处于正常状态。中枢神经系统包括脊髓、脑干、中脑、丘脑、大脑皮层;外周神经系统包括感觉神经系统、运动神经系统和植物性神经系统。人类神经系统的这两个部分是个体心理健康素质的物质基础。就中枢神经系统来说,游泳运动对于肌体的呼吸、心脏和消化功能能够产生持续合理的刺激。有关资料显示,游泳时人的胸部要受到12~15公斤的压力,加上冷水刺激肌肉紧缩,呼吸感到困难,迫使人用力呼吸,加大呼吸深度,这样不断促使人提高肺活量,促进呼吸代谢。同时,游泳会有明显的心脏运动性增大,收缩有力,血管壁厚度增加弹性加大,每搏输出血量增加。经常游泳的人,心脏功能极好,心率可达50~55次/分,很多优秀的游泳运动员,心率可达38~46次/分,每搏输出量高达90~120毫升。就外周神经系统来说,游泳运动能够抑制人体肾上腺激素的分泌,从而提高人体对感染和疾病的抵抗力。同时,也能够在一定程度上促进促皮质释放素(简称CRF)的分泌,从而缓解个体焦虑和抑郁等不良情绪。此外,现代医学研究表明，人的右脑的信息容量、记忆容量和抽象思维能力，都大大超过左脑；而游泳运动可以使右脑得到充分的锻炼，提高人的记忆力和形象思维能力。

因此，经常参加游泳运动对调节大脑皮层的兴奋与抑制，改善大脑对各系统的调节功能，有良好的作用。脑力劳动与体育锻炼相结合，可以使人大脑清醒、精力充沛，对提高智力有促进作用。

心理素质是一个繁复的体系，目前对其研究还处在初级阶段，作为人体不可分割的组成部分，其基本构成因素包括：个性、道德品质、社会适应、情绪等因素等是目前较为认同的结构组成。游泳运动作为一种古老的生存技能项目，也逐渐具备了心理教育功能。长期参加游泳运动是一项非常有益于老年人身心健康和老年人社会化的运动。长期游泳锻炼有助于增进老年人的心理健康。其心理健康总体水平以及人际关系、抑郁、焦虑、敌对等因子上的健康水平显著高于同龄人的水平。女性老年人参加游泳锻炼，有益于睡眠质量的提高和饮食的改善，由此可见，它对促进老年人健全的心理素质具有不可替代的作用。但由于多重因素的制约，当前对游泳促进老年人心理健康的研究和实践还存在诸多不足。这提示我们，老年活动中心在进行各种改革的时候，应该将体育技能对老年人心理素质的促进作为重点来研究和实施。

第二节　中老年游泳健身坚持适度原则

一、中老年游泳健身要量力而行

随着年龄的增长，人体各种器官和组织均会出现不同程度的退化和老化，这是人类无法抗拒的自然规律。现实中有的老年人却不服老，还抱着"老当益壮"的思想指导生活，这样不免要伤身损体，影响身体健康。譬如，由于心肌的血液供应以及心肌本身的变化，过于激烈的游泳运动将增加心脏的负担，因而是不适宜的。

随着年龄的增长，神经系统的敏感性有所减退，人体的平衡能力会有所降低，反应能力也不如年轻人那样敏捷。有些老年人关节的活动不太灵活，甚至出现畸形，怕自己也会逐步发生僵硬，因而就拼命加强体育锻炼，有的甚至因关节有些酸痛而加大关节的活动量，更有甚者还做一些协调性高和速度快的运动，这样做必然会得到相反的结果。

随着年龄的增长，呼吸功能减退，肺泡内的剩余气增加，因此肺活量减少。所以因运动而需要许多氧气时，便喘粗气，感到缺氧、胸闷。这是因为胸廓、肺的弹性下降了。但与循环功能一样，通过游泳可以增加最大吸氧量，因此呼吸和脉搏逐渐会变得平稳起来。但应注意游泳速度不能过快，动作节奏要悠闲适度，可选择自由泳和仰泳悠闲的泳姿交替游进。同时应注意，在游蛙泳做鞭状蹬水动作时，容易给膝盖内侧增加负担，膝关节软骨单薄的老年人做鞭状蹬水的动作，就容易损伤膝盖。

想游蛙泳的中老年人，可采用蛙手加楔形踢水或侧游等方式交替进行，但游得时间过长，或者游得过猛的话，往往会损伤膝盖、腰、脖颈等部位，所以要注意。特别是有腰背脊骨僵硬的人，有腰痛病的人不适合游蛙泳。蝶泳是一种难度较大的游泳姿势，要求躯干以腰部发力，带动脊柱、髋、膝、踝各部位相继屈伸，形成波浪式动作。蝶泳腰负担之大超乎我们的想象，要求上半身肌肉必须发达，所有这些都是中老年人无法想象和达到的。因此，更不应去模仿，以免受伤。

中老年人坚持游泳不能强求自己做那些做不到的活动，要留有余地，在这个范围内进行锻炼，对促进身心发展是有益的。

二、中老年游泳健身的自我监督

游泳健身中的自我监督工作，是防止过度锻炼或意外损伤的有效手段。中老年游泳运动强度是从轻度到中度渐进的有规律锻炼,学会运用运动医学的知识及有关方法进行自我监控,才能确保安全,达到理想效果。它包括以下几个方面:

1. 主观感觉

常参加游泳锻炼的人,运动量安排适宜,一般自我感觉良好,精力充沛,心情愉快,参加游泳运动的积极性也高;如果运动量安排不当或过度锻炼时,就会感到疲乏无力,精神萎靡不振,对运动不感兴趣或厌烦,甚至出现头晕、心慌、气短等不良感觉。在食欲和睡眠方面,适度的游泳锻炼能够提高肌体的物质代谢过程,增进食欲,并且能很快入睡,睡眠质量也高,早晨起床后感到精神振奋,身体舒服。所以,经常游泳的人,一般的食欲和睡眠都很好,但如果运动量过大,锻炼过度则会出现食欲减退和睡眠不好等现象。

在游泳过程中感到胸部、上肢、颈部、下颌部、腹部、膝部、踝部等部位不适,疼痛、烧灼、压迫、局部发紧、胀满等现象应马上诊治或调整变换锻炼的方式。

在游泳过程中或运动结束后,出现头晕或短时的意识障碍,这种情况通常是运动过于剧烈或重力性休克造成的。即在剧烈运动后突然停止运动,肌肉的唧筒作用减弱,使较多的血液积聚在肌肉组织中,回心血量减少造成的,而不是心脏本身的原因。因此,要重视运动后的整理和放松活动。

在运动过程中出现呼吸困难。呼吸的深度及频率应随运动强度的增加而增加,不应出现呼吸困难,如说话费力,喘息及恢复至平静状态需5分钟以上或更长时间等现象。如有上述情况应注意马上调整锻炼计划以待观察。

2. 客观指标检查

中老年人运动前的身体检查,其目的在于对其健康状况有一个正确的认识和了解,发现潜在性疾患和危险因素,以便引起注意。

（1）基础心率：指清晨起床前的心率，即晨脉，可用来评定锻炼水平和了解机能状况。如果在游泳锻炼期间，基础心率稳定或逐渐下降，说明身体机能状态良好，运动量适宜；在运动量加大时的肌体适应阶段，基础心率会略有增加，但一般不超过6次/分，若基础心率波动幅度大，超过12次/分而又持续不下降，则说明身体反应不良，运动量安排不当或负荷过大。

（2）运动时最大心率：一般健康人适宜的运动负荷以人的每分钟直接最大心率的百分数来表示（运动中常以靶心率来控制运动强度）。

最大心率 =（220 - 年龄）×60% ~ 90%

每个人要根据自己的年龄和身体情况、技术水平来选择适宜的运动量，以达到其有效心率。当运动心率在最大心率的50%以下时，健身效果不明显；但是最好不要超过85%左右的有效心率范围。

（3）体重：刚参加游泳锻炼的人在最初的几周内，因身体里的水分和脂肪大量消耗，体重会下降；经过一段时间的锻炼后，体重会比较稳定；长期坚持锻炼使肌肉发达，体重有所增加，并保持在一定的水平上。如果游泳锻炼期间发现体重明显下降，则可能是运动量安排不当或过度锻炼。

（4）坚持合理的游泳锻炼，运动成绩会逐步提高或保持在一定的水平上，如果运动水平没有提高甚至下降，动作的协调性遭到破坏，并且已经掌握的动作也不能很好地完成，则有可能是过度锻炼所致，应引起注意，要适当地休息和调整运动量。

自我监督常采用表格的形式，用周记将表中内容逐级列出。表中具体采用哪些指标，要根据锻炼目的和个人所具有的条件。同时，最为重要的，是要养成做锻炼周记的习惯。只有不懈地坚持下去，并能科学地运用这些数据调控锻炼计划，久而久之，你就会发现自己的身体和健康正在发生着重大的改善。

第三节 中老年游泳健身应注意的问题

（1）中老年人游泳前要进行身体健康检查。在开始游泳或增加运动强度之前，医学检查是极为重要的。

（2）下水前要做好准备活动。年龄越大，锻炼前的准备活动越重要。适宜的准备可以提高大脑皮层和肌肉的兴奋性，保护心脏、肌肉和关节，使人体各器官做好下水前的准备，以避免或减少肌肉抽筋或拉伤的发生。

（3）饭后不要立刻下水游泳，游泳时间最好安排在饭后一个半小时之后。因为饭后是消化器官集中对食物进行消化的时间，加之中老年人的肠胃蠕动较慢，如果这时游泳，会减少消化器官所需的血液供应量及消化液的分泌，影响消化功能，还会出现腹部疼痛等症状。

（4）不要进行高强度的游泳锻炼。由于中老年人的心肌收缩力减弱，血管壁弹性下降，管腔狭窄，血液阻力增大，使心脏负担加大；同时呼吸系统的功能已经减弱，肺活量和通气量又会减少而供氧不足，而且快速游泳时的耗氧数量加大，极易导致缺氧昏晕现象。尤其是患有心脏病和高血压病者，快速游泳将促使脉搏频率和血压骤然升高而发生意外。

（5）不要进行潜泳练习。中老年人的呼吸肌力量减弱，肺的纤维结缔组织增多，肺泡的弹性降低，如果在潜泳时屏气时间长，易损坏呼吸肌和导致肺泡破裂，而发生支气管咯血或脑乏氧昏死等现象。

（6）参加剧烈运动后，不能立即下水游泳。因为剧烈运动后，体温高，身上有汗。如果这时下水，会因为体温和水温之间的温差大，使身体受到强烈的冷刺激，容易引起感冒和腿抽筋。应待体温接近正常再下水。

(7) 游泳锻炼要循序渐进。每次游泳锻炼的运动量要适度,开始时运动量要小些,以稍觉疲劳为度,坚持一段时间之后而不感到疲劳时,再逐渐增加运动量。如适应能力在渐渐提高,说明体质也随之增强了。

(8) 游泳锻炼要持之以恒。游泳锻炼只有坚持不懈才能奏效,如果三天打鱼两天晒网,间断进行,各器官系统得不到连续的刺激,则效果不好。要有持之以恒的精神,从参与中养成锻炼的习惯并产生兴趣,从兴趣的产生中获得发自内心的欢乐。

(9) 注意安全,讲究卫生。游泳锻炼要讲究科学,每个动作节奏以及用力大小,时间和内在意向都有其规律和特点,如莽撞不讲科学,将会适得其反。游泳锻炼时,要注意场地环境和安全,懂得一些体育卫生常识。

(10) 动后要调整。游泳结束后要放松,做牵拉伸展练习,最好用温热水淋浴、做操、捏、按摩等等。

第八章 女子游泳健身科学化研究

第一节 女子游泳好健身益处多

由于男女在生理和心理上确实存在着很大的差异，这就自然地造成了男女差异颇大的运动能力。女性肌肉力量同男性相比，上肢力量大约只有同龄男性上肢力量的2/3。她们的心脏容量和肺呼吸量都比男子小。女性胸部、两臂以及肩部的力量也较小，但是她们腿部的力量却较大，膝关节固着力较薄弱，女性做负重练习时最好不要超过自身体重的重量。因为女性的骨盆较大，她们在运动中保持重心平衡的方式和男子不尽相同。她们需要有较大的髋部转动，才能将重心转移到支撑重心的腿上，容易造成腰部肌肉和关节的损伤。

根据生理特点决定了女性的体形与男子相比，女性的骨骼比男性轻10%，抗弯和负重能力均比男性低；女性的肌肉占体重的32%~35%，明显低于男性，故上体伸肌力、腰部肌力和下肢及爆发力明显低于男子；女性的体脂占体重的百分比约比男性高出11%~13%，脂肪层较厚，有很好的保温作用。运动医学界认为，女性的持久性耐力、利用氧的能力、抗热的应激功能，利用体内脂肪转化为能量的功能等均不亚于男性，柔韧性指标甚至超过男性。

根据以上生理特点，决定了女性参加游泳的好处。

一是，游泳可以改变女性青春期后，肩窄，骨盆宽底大，下肢围度增长较快，大腿和腰粗，上体长而窄，下肢短而粗，肩窄盆宽的体

第八章 女子游泳健身科学化研究

型。女性在运动中保持重心平衡的方式和男子不尽相同,对完成跑、跳动作不利。因为她们需要有较大的髋部转动,才能将重心转移到支撑重心的腿上,容易造成腰部肌肉和关节的损伤。

游泳时,水的浮力作用减少了运动时对各关节的压力和拉力,从而大大地减少了陆地运动时,地面反作用力对人体下肢关节和腰部的运动损伤。

二是,因为水的密度比空气的密度大800多倍,游泳时,胸廓所承受的压力较大,对呼吸肌要求相对较高,经常从事游泳的女性肩带、胸、背、臂、腿等大小肌肉群都参与工作,所以周身的肌肉都得到了充分锻炼。因此,女性胸部肌肉丰满,肩部宽阔,形态上肩宽超过髋宽就显得上体健壮,下体相对窄小,呈倒三角形,给人以健壮,匀称的自然美感。

第二节 肥胖女子游泳健身科学化研究

近些年来,世界在变"胖",社会却不需要"胖",渴望健康成长的人又害怕"胖",因而在全球范围内各种各样减肥药物、减肥食品、减肥疗法、减肥疗养院、减肥训练班等纷纷问世的同时,群众性的减肥方法也应运而生。例如,速效减肥、缓慢减肥、手术减肥、气功减肥、服药饮茶、针刺穴位、刺激神经、吹热水袋、吞咽气球、蒸气排汗、闻刺激味等等,这些千奇百怪的减肥方法实效何在?能否持久?有无副作用?是否有科学依据?有的确实需要认真研究。中外有关大量科学实验和实践经验都证明,采用体育运动减肥,是当今世界诸多减肥方法中的最佳方法,而且用游泳运动与节制饮食两者相结合的方法来减肥,因此对于预防和治疗肥胖症,其成效将会更加显著而又持久。肥胖是指超过正常标准体重20%以上,有损于健康的一种状态。

221

标准体重也叫理想体重,是依大多数人身高与体重的关系制订的,不同种族、地区的理想体重是不尽相同的。

女性体重比男性相应组别减少 2.5% 公斤。1986 年,在中国军事医学院卫生研究所大面积调查的基础上,制订了较符合中国人实际的理想体重(kg)标准:

北方人标准体重 = [身高(cm) - 150] ×0.6 + 50

南方人标准体重 = [身高(cm) - 150] ×0.6 + 48

南北方划分是以长江为界。

肥胖度% = (实际体重 - 标准体重)/标准体重 × 100%

肥胖标准见表 8—1 所示。

表 8—1 肥胖标准参照表

名称	正常适中	超重	轻度肥胖	中度肥胖	重度肥胖	偏瘦	消瘦	重度消瘦
肥胖度	±10% 以内	超过10% 以上	超过20% ~30%	超过30% ~50%	超过50% 以上	小于10% 以上	小于20% ~30%	小于30% ~40%

一般情况下,年龄超过 20 岁,脂肪和肌肉的比例就开始发生变化。脂肪的比例增加,肌肉的比例减少。人过 25 岁,每年体重平均增加 1 磅,而增加的部分主要是脂肪不是肌肉。人过 30 岁,每递增 10 岁,心脏的灌血能力就下降 6% ~8%,血压则升高 5% ~6%;相反,脂肪则增加 3% ~4%。越是不喜欢体育运动的人,脂肪增加的比例越大,衰老也伴随身体发胖而加速。

有氧运动可以通过增加能量消耗,减少体内脂肪的积蓄。在有氧运动减少体脂过程中,虽不能减少脂肪细胞数目,但可抑制脂肪细胞的积累从而减少脂肪体积。这是一种有利于人体健康的积极减肥方法,通常的体育锻炼均能达到不同程度的减肥效果,而游泳则是各种有氧运动减肥的最佳途径。

最近的科学研究证明,提早衰老是因为运动不足而造成的。妇女天性爱美，争相减肥，岂不知游泳、特别是耐力训练最能使她们变得苗条、健美。节食减肥是不可取的，因为这会和脂肪一起把肌肉也消耗掉，会使身体衰弱，生病。而如果适当节食和游泳锻炼相结合，则效果非常显著，另一部分多余脂肪被消耗掉，一部分脂肪会变成肌肉，脂肪膨松体积大，而肌肉紧绷体积小，所以体重减少不了多少，而体形却苗条起来。

女子在40岁以前，与男性相反，极少患冠心病。但当她们一旦绝经，就没有这种优势了。这时如果不坚持体育锻炼就会和男性一样容易患冠心病、高血压、高蛋白血症、糖尿病，特别是肥胖女子发生乳腺癌的可能性比其他女子高好几倍。女子从事游泳耐力锻炼，能使肌肉有适当的张力，即紧张度。在未被使用时，保持自然的收缩状态。受过游泳训练的人肌肉张力强，肌肉坚固，对增强肌肉力量具有良好的作用。

近年来在水中游泳慢跑、做操、游戏等娱乐形式越来越多。运动学专家认为，对许多未受过正规运动训练和年纪较大的人，特别是肥胖的女性来说，这是一项理想的运动。因为在水中游泳，能平均分配身体负载。人体在直立时，体内血液的循环除了需克服血管的阻力外，还需克服地心吸力，增大了心脏的负担，使身体各部血液循环难以均衡。游泳时，人体仰卧或俯卧于水中，人体各部位承受地心吸力基本一致，血液循环在各部位的分配自然也较均衡，由此减轻了肥胖女性的心脏和下肢支撑负担，而且身体各部位可以较全面地获得锻炼。因此，对肥胖女性尤为适宜。

想要光靠节食减少体重的话，虽然脂肪也会减轻，但肌肉、骨骼也会减少。无论摄取多少蛋白质、钙质，如果不运动也不会取得多大效果。热量消耗过少，热能平衡失调，肥胖，身体笨重，举止不便、活动更少，热能消耗更少，体脂积累更多。这一恶性循环持续下去，正是许多肥胖女子越来越重的主要原因。如果饮食马虎，而想只靠运动减少体重的话，体重也许会减轻，但却损害了健康。所以，在坚持游泳的同时，能有节制地控制零食，多余的脂肪自然会减少。

零食能量表，详情见表8—2所示。

表8—2 零食能量表（单位：千卡）

名称	克	千卡
松饼	75	255
油炸饼	50	215
夹馅面包	70	186
汉堡包	70	186
冰激凌	79	144
牛奶巧克力	50	300
饼干	50	240
薯片	50	282
奶油花生米	30	178
焦糖	30	130
蛋糕	60	190
大油饼	65	153
羊羹	50	148
豆馅糯米	40	114
橙汁	250	120
可乐饮料	250	98
运动饮料	250	63
咖啡饮料	250	100

第三节 瘦弱女子游泳健身科学化研究

现代城市的女性中普遍存在着"以瘦为美，越瘦越美的"的观念。清丽、苗条、修长的身材确实给人以美感，但是这种美，要它美得

"适中、协调和恰到好处"。这种美不是由瘦所体现的,如果长得太瘦,会给人以不健康、单薄、瘦骨嶙峋和可怜巴巴的发育不良印象。这是瘦女的一种病容,而不是美。

一、营养和体质发育不良影响健美

体质发育不良既是热能和蛋白质等摄入不足的后果,反过来又会干扰正常的营养摄取过程。例如,如果腰腹肌长期缺乏锻炼,对胃肠蠕动就形成不了必要的腹压,胃肠变得缓慢,胃酸和各种消化分泌会减少,所以食欲缺乏很常见,同时会交替出现便秘和消化不良性腹泻。有体质发育不良综合症的人,消化脂肪的能力尤其弱,以至经常出现可供消化的热能,主要是脂肪不足,不得不挪用蛋白质等等,对肌肉的打击尤大。

肌肉受营养和体质发育不良的打击最沉重。由于肌纤维无法获得充分的养料,所以肌肉力量差,一旦肌肉无力,身体的几条重要曲线,如胸线、腰线、臀线、四肢线也就随之丧失。单薄瘦弱的肌肉不会鼓凸,也不具有弹性和活力感,当然会使体形丧失美和风采。没有肌肉的力量和弹性,动作必然是懒散和蹒跚的,体姿也就不具备引人注目的魅力了。

其次,受到营养与体质发育不良打击的是皮下脂肪。皮下脂肪的减少有一定的规律顺序:先是面部,其次是腹部,然后是肩部和臀部,而后波及全身。当皮下脂肪减少到一定程度时,身上一些表浅的骨架部位,如颧骨、锁骨、下颌和肩肘就会尖利地突出来,成为真正的"骨瘦如柴"。这种形体从任何美学角度上来看,也不会被称为"美"。

营养不良还将影响骨骼发育,造成骨皮质薄、骨髓腔细、长骨骨骼细瘦。与此同时,由于肌肉的软弱无力已不足维持身体的负重和骨骼的正常体位,还会引发各种畸变,如:耸肩、探头、驼背、鞍背、罗圈腿、外八字脚、扁平足和脊柱侧弯等等。严重的还干扰皮肤和毛发的新陈代谢。使毛囊生长不旺盛,毛发稀疏,毛色黄,发梢分支增多，发脆而且易折断。由于脂肪摄入不足，皮脂腺会被迫减少分泌，使皮肤失去表面脂质的保护，水分不能留存，角质层，即皮肤最表面硬的一层角化加快，易出现皱褶和皲裂。这样容颜会变得粗糙，缺少丰润和光泽，甚至出现早衰。

二、营养和体质不良严重影响抵抗力

现在已有越来越多的科学研究证明，如果人太瘦，即使只有轻度的营养不良表现，也会造成全身抵抗力下降和感染性疾病增加。

我们身体的抵抗力全靠免疫系统强有力的支持。免疫系统包括细胞和体液免疫，它的各种组织结构，如胸腺、脾脏和淋巴结，还有各种免疫球蛋白、抗体和补体等等，主要成分都是蛋白质。蛋白质和热能摄入不足，对胸腺、脾和淋巴结的正常结构会产生破坏性。其中，胸腺对营养不良的敏感性最强，它们对细菌、病毒及其他毒素的吞噬、杀灭监视、排斥等机能都会受到很大影响，身体当然就会在各种外来病原体的侵袭下发生各种疾病了。

因为蛋白质营养不良会减少体液内免疫球蛋白合成，抗体减少，使病菌和病毒得到不断生长和繁殖的机会。同时，血清中的补体本来也具有吞噬、溶菌、杀菌和中和病毒的作用。营养不良和体质水平下降时，补体的激活能力随之减弱。而且得病以后，病程迁延不断，好了也容易再犯，这就是重复感染。

三、游泳不会使瘦弱的女性更瘦

提出这样问题的人，可能是看到很多胖人参加游泳运动后体重减轻了，因而产生了顾虑，这是不必要的。因为胖人参加游泳运动之后，减少了体内过多的脂肪是个好现象；而瘦人却不会这样。游泳运动对身体的各器官系统都产生良好的影响，它能促进体内的新陈代谢，调节神经系统，增进血液循环，改善内脏功能，还能使肌肉变得更结实、有力。由此，增强了身体对疾病的抵抗能力。所以，体形瘦弱的人通过参加游泳运动，可以增强胃肠的消化吸收能力，促进食欲，增加睡

眠，使全身得以补充充足的营养，从而使肌肉纤维变粗，体重增加，人也就更丰满壮实了。

四、游泳会使女性变得丰腴健美

瘦人参加游泳锻炼，由于身体经常接受低温的刺激，同样要消耗更多的能量物质，于是运动的需要与消化机能就发生了矛盾，出现了"供不应求"的现象。为了达到供求平衡，消化机能和运动器官相应地得到发展，这样吃得就多了。再加游泳之后，感到浑身凉爽，精神焕发，产生饥饿感，吃起来就倍感香甜可口，增强了食欲。久而久之，体重就会增加，瘦人便渐渐地变得健壮起来。

由于游泳运动中大量的毛细血管从过去的闭合状态到运动状态，以便更多地给肌肉组织输送养料，再加上游泳运动的本身使全身的各大肌肉块在频繁地收缩和舒张中得到锻炼，肌肉的质量增强，肌肉纤维增粗，时间长了，肌肉组织自然就丰满粗壮起来。据资料统计，游泳会使瘦人肌肉从占身体总重量的30%增加到40%～50%，同时皮下脂肪也相应地增厚了，这便是瘦人变得更加丰腴健美的道理。

第四节　经期女子游泳健身科学化研究

身体健康、发育正常的女子在来月经期间，循环、呼吸、代谢、肌肉等生理机能都没有发生明显的变化，参加适当的游泳锻炼，不但对身体无害，反而有利。

一、月经期内游泳健身的益处

游泳运动时，血液流动加快，使全身和骨盆的血液循环得到改善，减轻局部淤血，改善内生殖器官的血液供应，有利于子宫内膜的再生；游泳运动时，腹肌和骨盆底肌有轻程度节律性收缩和放松，对骨盆腔内的子宫起到轻柔的按摩作用，有利于子宫内膜的剥离和经血排出，从而减轻女子在经期出现小腹胀痛、下坠等不适感觉。

另外,月经期内游泳运动的量一定要适度。应根据个人的身体反应程度、实际水平、不同年龄等等,在强度和运动量等方面因人而异,循序渐进,灵活掌握地进行锻炼。

二、消除月经期内游泳健身的疑虑

医学界已有共识,在月经期内游泳或在浴盆内洗浴,细菌不会进入阴道内发生感染。阴道感染大多是由于生殖器不清洁而发生感染的。即使在经期内游泳也不会增加感染的可能性。

似乎有很多人担心经血会污染游泳池的水。从污染游泳池水这一点来说,头发和痰之类的东西才是问题。进入游泳池时,应仔细洗净头发、外阴部、肛门周围等很重要。这比经血和分泌物更为严重。

备战奥运会训练的女运动员们,没有因经期训练而影响怀孕和生育的。所以,旨在健身和美容的游泳运动,在经期内是可以放心进行游泳的。当然,痛经、出血严重而心理不轻松的人,不要勉强去游泳。

第五节　孕期妇女游泳健身科学化研究

过去对妇女怀孕以后参加游泳锻炼有顾虑。然而,近年来国内、外很多地方都开设了以孕妇为对象的游泳学校、游泳训练班、游泳医院。

一、孕妇应正确认知游泳运动

认为孕妇不宜运动当然有其道理。妇女怀孕后,必须给胎儿和胎盘提供营养成分,因此,消耗能量增加。另外,妊娠期间不适当的体育锻炼,能影响胎儿的发育,甚至引起流产性也会增加。但是适当地进行体育锻炼,则恰恰相反,会有利于胎儿的发育和分娩。这是因为，在陆地上活动受限的孕妇可以利用水中的浮力，比较轻松地活动身体。

妇女怀孕以后，随着怀孕月数的推移，体重也不断增加，身体为了孕育胎儿和准备分娩，不断发生一系列的改变。容易出现腰、膝损伤，腿肚子痉挛。由于骨盆、腿的血液循环恶化，还会引起静脉曲张、痔疮等疾病。

在这种情况下，利用浮力来游泳，恰恰可以减轻这类症状。它可以改善神经系统、心血管系统和呼吸系统的活动能力。调整胃肠道的功能和身体的新陈代谢等等。此外，怀孕期间进行适当的游泳锻炼，使身体呈水平姿势运动，躺在水面上，消除下半身淤血现象。通过游泳的呼吸方法和掌握在水中的放松方法，增强腹肌、骨盆底肌、腰背肌的能力，减少怀孕并发症，有利于顺利分娩。

二、孕妇应科学进行游泳锻炼

孕妇进行游泳锻炼必须征求妇产科医生的同意，在专业教练的指导下进行。孕妇在以下情况下不能游泳：

（1）生殖器出血、下肢疼痛等先兆性流产、早产征兆的孕妇，及有死胎史的孕妇；

（2）发现有高血压、蛋白尿及浮肿等妊娠中毒症状的孕妇；

（3）羊水多的孕妇；

（4）有胎儿、胎盘功能障碍的孕妇；

（5）有心脏病、糖尿病、肝病、肾炎等怀孕引起并发症的孕妇。

妊娠期必须是在没有异常反应的情况下才适宜游泳。孕妇必须符合以下条件才能游泳：

（1）怀孕在 5~8 个月内；

（2）阴道分泌物少；

（3）水温、室温都在 (30±1)℃；

（4）练习时间应在上午 10 点至下午 3 点之间，饭前进行；

（5）游泳在 1 小时以内；

（6）有朋友、家属同去；

（7）发生紧急情况时，能与医院迅速取得联系，交通方便的地方。

近年来，日本出现了"游泳医院"，有专门开设为孕妇顺利分娩服务的训练班。据统计，参加过游泳的孕妇顺产率为 75%，而普通产妇为 48%，并且前者的产程平均缩短 50%。还有不少胎位异常的孕妇得到自然纠正。因为在水中可以不增加身体负担来锻炼全身各肌肉。仰泳、自由泳等都有很好的效果。在水中潜泳可以增加肺活量，水中打坐，在放松状态下憋气，从而练习使劲。到分娩时，孕妇就能憋气用力。

游泳前，要测量一下血压、体重、脉搏、体温，确定身体状况有无异常。接着冲个温水浴，由脚开始往上冲。孕妇最好在水中齐胸深的地方做准备体操，以防滑倒或跌倒。游泳后，孕妇的恢复体操也最好在游泳池里做。冲过温水浴之后，测量一下血压、体重、脉搏、体温，以检查身体状况有无异常。游完换上衣服后，也要在游泳馆内稍观察一下身体情况，然后再回家。

三、孕妇游泳的练习和安排

游泳可以轻松地躺在水面上，消除下半身的淤血现象，使身体成为放松状态。通过游泳愉悦身心，使全身肌肉得到锻炼，有利于生产时有效用力和顺利分娩。孕妇游泳计划，详情见表 8—3 所示。

表 8—3　孕妇游泳计划

内容	时间	练习的目的与效果
测量（体重、体温、脉搏、血压、腹部张力）	3 分	了解当天的健康状况
淋浴、适应水、入水		

续表

内容	时间	练习的目的与效果
准备活动（做操）	3分	身体各部位热身练习，促进血液循环，以免发生扭伤等情况
仰泳踢水25米	2分	练习有节奏地动作、股关节柔韧性、深呼吸
仰泳基本技术50米	3分	练习紧张和放松的转换，节奏与平衡、呼吸方法
自由泳踢水25米	2分	练习有节奏地动作、股关节柔韧性、延长分娩时憋气
自由泳划手25米	2分	增大运动量和氧的摄取及负重量的练习
自由泳基本技术50米	2分	紧张和放松的转换练习、股关节柔韧性、延长分娩时憋气
分娩姿势游泳方法25米×2	6分	练习分娩姿势，增强腿部肌肉，分娩时用力使劲练习，练习呼吸方法
蛙泳踢水25米	2分	增强腿部肌肉、分娩时用力练习
蛙泳基本技术50米	3分	紧张和放松的转换练习、节奏与平衡运动、呼吸运动，增强腿部肌肉练习
侧泳踢水25米	2分	增强腿部肌肉，有时会治好逆产
侧泳基本技术	3分	渔家女的游法，游起来很轻松
海豚踢水25米	2分	通过使用腰部的弹力，有助于消除骨盆内淤血和腰痛
蝶泳基本技术50米	3分	紧张和放松的转换运动、节奏与平衡运动、呼吸运动、关节柔韧性运动
仰泳50米×2	8分	全身放松、调整呼吸、练习顺产的呼吸方法
水中打坐	4分	全身完全放松、保持情绪稳定和镇静的练习，延长分娩时憋气用力的练习
自由练习	10分	这是补充各人运动量不足的练习时间
淋浴、洗眼		注意安全、慎防滑倒、放松肌肉
测量（体重、体温、脉搏、血压、腹部张力）		检查有无异常和变化

第九章 疾病患者游泳健身科学化研究

第一节 高血压病人游泳健身科学化研究

高血压仅仅是某些疾病的一种症状,不仅患病率高,在我国高血压患者最终70%为脑中风,20%为心脏病,10%为肾脏病的并发症,是脑中风和冠心病的主要危险因素。我国早已把高血压的防治作为重点医疗和科研项目,采用各种方法进行防治,游泳就是其中的内容。

世界卫生组织推荐的高血压诊断标准是:收缩压(高压)大于或等于140毫米汞柱,舒张压(低压)大于或等于90毫米汞柱。二者之一被核实即可。

一、游泳运动对高血压的影响

大量研究表明,适宜的游泳运动有助于高血压的治疗。游泳运动可以使血压稳定或下降,心率增加幅度减小。同时,游泳运动可增加药物降压的疗效,使用药剂量减小。

对正常人而言,一般的耐力性运动收缩压可增至160~220毫米汞柱,而舒张压可维持在50~90毫米汞柱之间。在游泳运动中,当收缩压超过250毫米汞柱,舒张压超过120毫米汞柱,应立即停止活动。在一般情况,当安静血压较高时,其运动中血压也较高,但有些人安静时血压并不高,但其血压对运动刺激的反应特别强烈。应予以足够的重视。

游泳运动对治疗高血压有明显的疗效，国内外已有许多报道。世界高血压联盟（简称 WHL）最近指出，在高血压处置中，应注意和提倡体育锻炼，认为体育活动对高血压的控制是有益的。反之，缺少体育活动则被认为是影响心血管功能的危险因素。

游泳运动法对高血压病人的作用机理在于：

（1）它作用于大脑皮层和皮下血管运动中枢，使血压下降。

（2）能调节植物神经功能，降低交感神经兴奋性，提高副交感神经的兴奋性，缓解小动脉痉挛，从而有助于降压。

（3）改善情绪，从而减少血压波动幅度并减少神经官能症状。

二、高血压病人的游泳注意事项

高血压患者进行游泳健身运动时，以中低强度、持续时间较长、每天坚持为主要特点。此外，在游泳锻炼时还应注意如下几点：

（1）游泳主要适应症为轻度高血压，但近期研究表明，游泳锻炼对于有较重并发症者也可以酌情应用。

（2）锻炼以中小强度的运动为宜，在运动过程中应逐渐增加运动量和运动强度。对高血压病人，游泳锻炼的时间比强度更重要。

（3）游泳时，不要憋气时间太长，不要潜泳或竞争性地快游，以及使血压起伏较大的急停急起动作。

（4）游泳时，要有意识地使全身肌肉放松，在游蛙泳时，可以将头露出水面或仰泳等姿势练习，在血压没有得到控制时或对锻炼还不适应时，注意不要做弯腰低头的跳水和滚翻动作。

（5）运动量不宜过大，一般以靶心率：（220 – 年龄）×60% ~ 70% 为宜。年龄在 50 岁以上者，可用（170 – 年龄）作为靶心率。有条件者，最好做运动耐量试验，以根据患者个体情况确定适宜的运动强度和时间。

（6）对高血压病人而言，在运动过程中和运动刚结束时更容易引起心血管意外，如心绞痛、心肌梗塞、中风等等。在锻炼中，特别是锻炼后，应对肌体的反应继续保持警惕。

（7）对高血压病人而言，运动前的准备活动和运动后整理运动尤为重要。因为突然大强度运动或骤停，可导致血压爆发式增高和冠脉血流量的减少而发生意外。

（8）在整个游泳体疗过程中，要有医护观察指导和自我监督。

第二节　冠心病人游泳健身科学化研究

冠心病的全名叫冠状动脉粥样硬化性心脏病，又叫缺血性心脏病，是一种因冠状动脉内膜发生粥样硬化，使管腔狭窄或阻塞，从而导致心肌供血不足而引起的心脏病，它是中老年人最常见的多发病，也是引起老年人死亡的首要原因。冠心病患者进行体育锻炼可改善冠状动脉血液循环。

一、游泳运动对冠心病的影响

运动不足的危害，与吸烟、高血压、高血脂相似。早在1987年，美国疾病控制中心就已经把缺乏体育活动作为主要的心血管疾病的发病因素。人们对冠心病的体育运动康复进行了大量的研究与实践，逐渐认识到体育疗法对冠心病患者康复的重要性。大量研究证明，运动对预防冠心病极为重要。游泳运动可减少冠心病的危险因素，如高血压、高血脂症、糖尿病和肥胖症等。

通过游泳锻炼改善血脂状况增加高度瘦脂蛋白与低密度脂蛋白比值、改善碳水化合物代谢、增加胰岛素敏感性、减少血小板的凝集性，增加纤维蛋白溶解作用，延缓动脉粥样硬化的进程。通过系统的游泳锻炼，可增加心脏血管的口径，增加冠脉血流量，改善心肌的血流分布，从而维持或增加心肌的氧气供应。并通过降低安静时及亚极限运动时的心率，心输出量及安静时血浆中茶分胺水平，降低交感神经张力，减少了心脏负荷及需氧量。通过增加安静时、亚极限运动时的每搏输出量，增加游泳运动过程中心脏的射血分值，增加心肌收缩力和心肌功能。

与不锻炼的人相比，经常参加游泳锻炼的人很少发病，即使发病，其程度亦较轻，而且发病的年龄也较晚。国内外大量研究表明，游泳可以降低冠心病发病率和死亡率，缩短住院时间，减少医疗费用，提高冠心病患者的生活质量。

二、冠心病病人的游泳注意事项

（1）对冠心病患者参加游泳锻炼要持慎重态度，运动量的安排也要谨慎，可根据年龄、病情、性别、体力、身体素质等不同情况，区别对待。

（2）冠心病患者如有下列情况不宜进行游泳：心绞痛频繁发作或疼痛、难以控制的心率失常、窦房结功能障碍、代偿性心力衰竭、合并较严重的高血压病。

（3）必须严密观察病情变化。如游泳中或游泳后出现胸闷加重、心急、心绞痛，应暂停或停止游泳。如游泳中心绞痛发作，应就地休息并及时吞下硝酸甘油，有条件的给予吸氧，必要时送医院治疗。

第三节　糖尿病人游泳健身科学化研究

糖尿病是一组由遗传和环境因素相互作用引起的临床综合症。是人体胰岛素分泌不足引起的糖类代谢紊乱、以高血糖和尿糖为共同标志。发病原因尚不完全清楚，一般认为与遗传、病毒感染、自身免疫等因素有关。目前，除控制饮食外，还没有一种理想的药物能控制糖尿病又没有副作用，而体育锻炼能收到一定效果。

一、游泳对糖尿病的影响

到目前为止,还没有可信的证据表明,运动有助于胰岛素依赖型病人控制血糖,但对非胰岛素依赖型病人而言,运动非常有效地改善了非胰岛素依赖型病人对胰岛素的敏感性。

长期的游泳锻炼可使肌体对胰岛素敏感性提高,或使胰岛素与受体结合力提高,使胰岛素水平下降而葡萄糖耐量不变。游泳还可以改善肌体对脂肪酸的利用,降低血脂,增加高密度脂蛋白。游泳能使肌肉在血浆胰岛素浓度降低的情况下,加强对葡萄糖和脂肪酸的摄取和利用,同时还可以减少糖尿病并发症的发生。游泳能减轻糖尿病对肌体的其他危害作用也是非常有效的。例如,糖尿病的危害之一是血小板的凝集性比正常人高,因而易造成微血管病变,导致眼底及肾小球血管病变。而一次游泳锻炼,可使糖尿病人血小板的凝集在14小时内保持正常。所以说,游泳能减少血小板的凝集性。

经常游泳可以减少冠心病的危险。游泳可降低血压、减轻肥胖程度、降低血脂及血尿酸水平,还可以改善呼吸功能等等。因而,经常游泳可以提高糖尿病人的生命质量。

二、糖尿病人的游泳注意事项

(1) 糖尿病人应使血糖得到很好控制后,才能参加游泳锻炼。

(2) 注意防止游泳运动过程中低血糖的发生。在游泳锻炼初期要经常监测血糖,以便找到血糖变化规律,在游泳运动前适当减少胰岛素剂量或适量增加碳水化合物的摄入。

(3) 在胰岛素活动的峰值期不要参加游泳锻炼。

(4) 糖尿病患者不要在空腹时游泳,以免引起低血糖,游泳时间一般在早、午饭后一个小时左右进行。

(5) 糖尿病患者一定要严格控制运动量,游泳锻炼以中等强度为主,应避免剧烈运动,否则会使血糖增高。

(6) 体育锻炼最好与饮食、药物治疗相结合,并在医生指导下进行。

（7）重度糖尿病患者，不宜进行游泳。

第四节　结核病人游泳健身科学化研究

肺结核是一种呼吸道传染病，它是由于结核杆菌感染而引起的，结核杆菌通过呼吸道进行传播。目前，对结核病采用综合疗法，即精神疗法、药物疗法、食物疗法和体育疗法。实践证明，在药物等治疗配合下进行体疗、可获得良好的效果。

一、游泳对肺结核的影响

肺结核病人进行适当的游泳有助于提高患者的心肺功能，减轻体内缺氧现象，改善新陈代谢，提高全身抵抗力，配合药物和营养治疗，能使患者早日康复。参加适当的游泳锻炼有能帮助体内解毒，抑制细菌毒素的作用。浸润性肺结核吸收好转期，部分硬结期的病人，新发现有浸润型结核的病人，最适宜参加游泳体疗。

二、肺结核病人的游泳注意事项

（1）肺结核患者有下列情况不宜游泳：凡属于进行性肺结核及急性型肺结核，代偿能力丧失或病情有明显恶化者，长期严重咯血或有自发性气胸可能者；肺部病变范围广泛或肺存在多发性空洞者；有活动性淋巴结核、肠结核、肾结核或肺膜结核的患者；极度衰弱和消瘦的患者。

（2）患者在进行游泳锻炼时，应尽可能在户外空气新鲜的浴场进行，即使在室内也要保持良好的通风。

（3）在进行游泳健身时，应避免长时间、长距离地游泳锻炼。因为肺结核病是一种慢性消耗性疾病，应尽可能少消耗体力。

（4）肺部病变不稳定时，游泳过程中呼吸不宜过于深长。

（5）运动量要适度，避免过劳。

第五节 慢性气管炎病人游泳健身科学化研究

慢性支气管炎是一种常见病。引起的原因很多，由病毒、细菌和肺炎支原体引起的上呼吸道感染是发病的重要原因。其次是物理、化学因素。另外，喘息性慢性支气管炎的发病与过敏因素更为密切。指导患者进行科学的体育锻炼，是一种较好的治疗慢性支气管炎的办法。

一、游泳对慢性支气管炎的影响

运动实践和科学研究证明，参加游泳锻炼，最有利于呼吸功能的发展。游泳运动能刺激呼吸器官加强活动，引起呼吸功能发生较大的变化，还有助于增强胸肌，促进胸廓的发展，有利于增强呼吸功能。

据治疗统计表明，五年有效率为85%左右，表现是咳嗽痰减少，气短减轻，肺功能有所恢复或延缓衰退。从国外报道看，肺气肿10年的存活率为25O/0~50O/0，坚持游泳锻炼的存活率提高到50O/0~70O/0以上，死亡率明显降低。因此，慢性支气管炎患者不能消极地完全依赖药物治疗。药物只能在一定程度上消除炎症，帮助排痰，不能从根本上扭转被动局面。

坚持游泳锻炼，能逐步提高全身的机能和能力，增强自身的抵抗力，提高身体对周围环境特别是寒冷的适应能力，以减少感冒。游泳是增强自身抵抗力和适应能力的一种有效办法。只要你掌握科学的游泳方法，持之以恒，对你的健康肯定有益无害。

二、慢性气管炎病人的游泳注意事项

（1）慢性气管炎患者进行游泳健身时，一定要循序渐进，先用冷水洗脸，擦胸和两臂，甚至全身。避免冷水刺激引起剧烈咳嗽。

（2）开始游泳时，速度不宜太快，特别要注意呼吸方法，深吸慢吐，调整呼吸节奏，如果在游泳后发生剧烈咳嗽，则常是运动量过大的表现，应减量，同时要注意深呼吸练习，这也有助于咳嗽的缓解。

（3）在气管炎急性发作时，不宜进行游泳锻炼。

第六节 癌症患者游泳健身科学化研究

癌症是指肌体细胞在某种因素影响下发生的病变，引起异常繁殖，进而形成恶性肿块，造成组织形态、功能、代谢变异。

1981年，世界卫生组织指出：在所有恶性肿瘤中1/3是可以预防的，1/3是可以通过积极的医疗、护理使病人生命延长、痛苦减轻。目前，在德国和日本，游泳健身越来越多地被人们用作同癌症对抗的武器。

一、游泳对癌症的影响

游泳能使人吸入比平常多几倍至几十倍的氧。可以预防癌症；即使患了癌症，也能延缓人的生命过程。游泳可以消耗体内多余的脂肪。脂肪是合成前列腺素的主要物质，而结肠癌与前列腺素的形成密切相关。游泳还能促进体内贮存的蛋白质转化为糖皮质激素，这类激素具有防癌作用。这人体在运动量适中时，磷酸戊糖代谢加强，生成更多的还原型谷胱肽，它能催化脂质过氧化物及过氧化氢，消除过氧化作用和抑制自由基（与癌发生的重要因素）的连锁反应，起到防癌作用。

游泳能使血液循环加快，使血液得到"净化"。从而起到防癌的作用。游泳能增强体质，提高免疫力。使血液中白细胞大量增多，循环于血液中的淋巴细胞、巨噬细胞和直接杀伤细胞，即K细胞明显增加。它们能起到吞噬，使人体内可能有的癌细胞难以逃脱厄运。游泳使体内物质代谢增强。促进消化系统功能，改善食欲，可以避免或减少胃癌和肠癌的发生。

科学家们曾对数千名经常参加运动的人进行测试，发现这些人很少发生便秘，从而大大减少致癌的机会。游泳可促进内啡呔的水平增高。使内分泌系统发生一系列良性变化，这也是抗癌的有利因素。游泳能改善人的情绪，消除忧郁和烦恼。科学家们在调查中还发现，人由于情绪长期受压抑或精神受到创伤，也易患癌。临床统计，患癌症的人30%是由于情绪受到压抑，精神受到创作所致。游泳能锻炼人的意志，提高战胜癌症的信心和毅力。

二、癌症病人的游泳注意事项

（1）癌症患者的游泳锻炼一定要谨慎对待，要根据年龄、性别、病情、体力、身体素质等不同情况区别对待，酌情处理。

（2）防止身体受到机械损伤，有破溃地方不下水游泳。

（3）在游泳健身过程中，要注意科学的膳食结构，加强营养，配合药物治疗，以免病情恶化。

（4）游泳中若出现身体不适，应立即上岸休息或到医院复查诊治。

（5）在整个游泳体疗中，要建立体疗档案，要有医护观察指导和自我监督，定期检查记录。

三、游泳运动针对癌症的康复要讲科学性

众所周知，游泳运动可以引起身体发生各种变化，变化的程度可因运动强度，运动量等有所不同。适度游泳可以降低癌症发病率，而运动过度则会造成疲劳过度，损害免疫功能，不仅达不到防癌抗癌的作用，还会增加新的痛苦。一般人的体育运动，可以根据个人的兴趣、爱好和锻炼目的来选择，而癌症患者的康复运动必须按照康复体育的计划，即运动处方进行。这是因为癌症者体质虚弱、病情复杂，不适当的康复体育运动只会适得其反，加重病情或是无明显效果，使患者丧失信心。因此，癌症患者应在康复体育指导者的指导下参加游泳锻炼，同时应注意以下几个方面。

(一) 进行游泳运动前必须体格检查

癌症患者在进行游泳运动之前,应由康复体育指导师在参考临床诊断的基础上作进一步检查。主要作心肺功能检查、运动负荷试验、体力测定等等,要参与的运动器官重点检查肢体功能,如关节活动幅度、肌肉力量以及心态分析等等。有些患者还需做神经系统机能检查。所能检查的结果将成为制订康复体育锻炼计划———运动处方及检查锻炼结果的依据。

(二) 进行康复游泳锻炼应循序渐进

肿瘤患者在长期卧床后,要想恢复原来的体力活动,一般需要经过一段较长的时间。长期卧床使身体处于废用状态,关节变得僵硬,肌肉萎缩,骨质脱钙,内脏机能下降,而游泳运动对人体产生的良性效果,要通过肌体一定周期的生理、生化变化量的积累,才能达到机能和结构的提高。所以卧床时间越长,恢复体力所需时间也越长。此时不应急躁,要缓慢而循序渐进地进行锻炼。只有掌握循序渐进的原则,在进行全面体格检查后,按照每个人的具体情况,根据康复游泳运动计划,逐步地增加运动量,才能以最短时间收到最大的效果。原则上可分阶段进行,第一阶段是以简单、不需花多大力气,卧床时即可进行。这些活动能帮助患者恢复一些体力,此后,可根据患者体力改善的情况,适当增加运动强度。当患者可以起床活动时,就开始第二阶段游泳的锻炼,可进行水中的漂浮、行走、带浮板或救生器具的支体活动。这时的活动量比第一阶段大,目的在于增加体力准备,补偿肿瘤或治疗肿瘤造成的消耗,为恢复正常活动准备条件。在患者可以整日离床时,就进行第三阶段的游泳锻炼,可进行各种运动量适宜的水中活动,如慢游、水中游戏、各种泳姿的交潜游泳等等。此时,活动量更大,以便加强体力,恢复健康。

(三) 持之以恒

只有坚持游泳锻炼方能见到康复的效果,心脏功能锻炼效果要一周后方可看出，肌肉力量也要经过数周后才能增长。这是因为肌体功能的提高，有一个从不适应到适应的过程，适宜的运动对人体产生的良性效果是在适当的量变积累中，才能达到质变的飞跃，一系列生物分子、生物化学等的微观变化，所导致的各系统生理机能的改善和变化，最终体现在人体整体机能的提高上。癌症疾病是一种顽固的疾患，更需要有坚持不懈的耐心和毅力。因此，康复游泳运动必须坚持和遵循持之以恒的原则，切不可"三天打鱼，两天晒网"。

（四）加强医务监督

对参加康复游泳运动的癌症患者，尤其要注意加强医务监督，以避免意外情况发生。锻炼中应密切观察患者的主客观反应，特别要注意伤病情况的变化，如发现不良反应，但在下次锻炼之前可恢复到原来状况的，可认为处方基本适当。锻炼过程中，还应定期进行检查及功能评定，以了解锻炼效果。同时，患者要多与康复游泳运动指导师交流，把所存在的问题全都说出来，便于康复游泳运动指导者及时准确地了解情况，从而有效地进行康复游泳运动。

游泳运动对于癌症的康复有较明显的作用，因为游泳运动能提高中枢神经系统的调节机能，改变血液循环和新陈代谢，还能维持和恢复肌体的正常功能，发展身体代偿功能以及改善人的情绪和消除忧郁和烦恼。因此，癌症患者应在康复指导者的指导下，多从事游泳运动以加快患者的康复，但运动过量又会阻碍病情的良性转化，因此把握量和强度是关键所在。

参考文献

[1] 赵珊：《游泳竞赛规则的演变对竞技游泳发展的研究》，上海体育学院，2011。

[2] 约翰·特伦布莱，加里·菲尔德，迟爱光：《出发、转身和终点触壁技术》游泳季刊：2010，(3)。

[3] 郑假真：《少儿游泳学习者畏惧心理产生的机理及消除对策》，游泳季刊，2009，(1)。

[4] 李凤兰：《仰泳新旧出发技术对比》，中国体育教练员，2009，(3)。

[5] 于凤梅：《哈尔滨市少年儿童游泳运动员技术犯规状况及其影响因素研究》，哈尔滨工程大学，2011。

[6] 马吉光，胡毛毛：《我国高水平游泳运动员运用新规则技术的优势与不足》，成都体育学院学报，2012，(4)。

[7] 殷剑侠，仲宇，石晓铭：《对游泳出发技术的分析》，游泳季刊，2009，(2)。

[8] 马吉光：《游泳竞赛规则演变与游泳运动发展之关系》，上海体育学院学报，2012，(3)。

[9] 贺倩：《从佩尔索和赵菁看优秀仰泳运动员的技术发展趋势》，游泳季刊，2009，(3)。

[10] 刘长青，谢春雨，王云富：《"互助式"教学法在游泳教学中的实验研究》，科技文汇，2011，(4)。

[11] 张腾：《"小群体"教学模式在高校游泳选项课教学中的研究》，浙江海洋学院学报，2012，(8)。

[12] 舒康：《蛙泳漂浮中易出现的问题及其改进方法简论》，读与写（教育教学刊），2009，6(8)。

[13] 张伟，范荣昌：《蛙泳教学难点及对策刍议》，赤峰学院学报，2009，25(11)。

[14] 王超：《蛙泳教学纠错口诀模仿之运用》，搏击（体育论坛），2009，(2)。

[15] 张茂盛：《突破蛙泳呼吸的有效途径和方法》，游泳，2009，(16)。

[16] 徐永华，曹春华：《提高游泳运动员水感的练习方法初探》，首都体育学院学报，2010，(7)。

[17] 李红兵，李莉：《游泳运动员的水感训练方法》，游泳，2009，(2)。

[18] 杨金，陈卉：《对云南农业大学非体育专业开设游泳选修课的可行性研究》，教研教改，2009(3)。

[19] 纪逊：《蝶泳技术常用训练手段》，游泳季刊，2009，(1)。

[20] 谢伦丽，刘振卿：《游泳课堂》，人民体育出版社，2012，(1)。

[21] 尹默林，王永，林仪煌：《游泳运动与水中健身》，上海大学出版社，2013，(9)。

[22] 陆一帆：《游泳运动员身体形态训练特征及个性化训练探索》，北京体育大学出版社，2011，(7)。

[23] 王建国：《青少年课外体育竞技指南：游泳指南》，安徽师范大学出版社，2012，(3)。

[24] 李伟，黄海涛：《游泳》，化学工业出版社，2012，(4)。

[25] 陈钧，王隽，朱永国：《滑冰、滑雪、游泳运动手册》，金盾出版社，2012（11）。